高等院校规划教材

礼仪与国学

王　芳　邓宇　主编
胡艺　刘萍　副主编

化学工业出版社
·北京·

本教材将礼仪规范与精选的国学内容相结合，以不同场合所需礼仪为纲编排成八个模块，每个模块中设置若干学习任务，根据学生情况精选适合他们的国学内容穿插在相应的学习任务中。

每一模块开篇设情景导入。每一任务下设置三个板块：1. 国学小资料。围绕本节礼仪学习内容精选国学名言、诗文、典故、小故事、古代传统礼仪知识等，开阔学生眼界，学习人生哲理，提升个人道德修养。2. 知识探究。介绍必要的现代礼仪知识与礼仪方法、规则，让学生掌握人际交往的方法技巧，塑造个人形象。3. 实训演练。对应解决开头情景导入中所提出的问题，并增加讨论和演练项目，强化实践，将所学礼仪知识转化为能力。

此外，本书配有部分插图，增加了教学的示范性和趣味性。

本书可作为高职高专院校、成人高校及其他同等水平院校的人文素质教育教材，也可供本科院校及社会各类人员学习参考。

图书在版编目（CIP）数据

礼仪与国学／王芳，邓宇主编．—北京：化学工业出版社，2018.3（2024.4重印）
高等院校规划教材
ISBN 978-7-122-31413-0

Ⅰ.①礼… Ⅱ.①王… ②邓… Ⅲ.①礼仪－高等学校－教材 Ⅳ.①K891.26

中国版本图书馆 CIP 数据核字（2018）第 013616 号

责任编辑：窦　臻　　　　　　　　　　文字编辑：王　可
责任校对：边　涛　　　　　　　　　　装帧设计：肖茜人　王晓宇

出版发行：化学工业出版社（北京市东城区青年湖南街 13 号　邮政编码 100011）
印　　装：北京七彩京通数码快印有限公司
710mm×1000mm　1/16　印张 11　字数 177 千字　2024 年 4 月北京第 1 版第 3 次印刷

购书咨询：010-64518888　　　　　　　售后服务：010-64518899
网　　址：http://www.cip.com.cn
凡购买本书，如有缺损质量问题，本社销售中心负责调换。

定　　价：26.00 元　　　　　　　　　　　　　　　　　　版权所有　违者必究

前言

我国素有"礼仪之邦"的美称,"礼"是中华文化的核心。讲"礼"懂"仪"是中华民族世代相传的优良传统。礼仪必须通过学习、培养和训练才能成为人们的行为习惯。但礼仪的学习应该建立在内在德行修养的基础上,而不是仅仅着眼于单纯技巧的训练。为了提升大学生的人文修养和人际交往能力,我们进行了不懈的探索与实践,编写成这本教材。本书特色如下。

1. 解决了现有礼仪类课程思想深度不够、文化厚度不足的问题,体现了对中华优秀传统文化的继承与弘扬。

本书以礼仪训练为主线,精选贴近当今社会实际和学生实际的国学素材,将中华优秀传统文化尤其是礼文化有机地融合于相应礼仪知识的学习与技能的训练中,深入挖掘礼仪的文化内涵,追溯礼仪的渊源,体现现代礼仪与传统礼仪的联系和变化,增强青年学生的文化自信,在与时俱进中实现对中华优秀传统文化的传承与弘扬。

2. 培养学生内在的自觉,提升个人修养,将素质教育引向深入。

国学中有很多为人处世的道理,仁义礼智信贯穿于中华伦理的发展中,成为中国价值体系中的核心因素,是社会主义核心价值观的重要源泉。本书从引导学生如何"做人"出发,旨在深层次提升大学生的人文素质,避免使素质教育流于浅表。

3. 既突出礼仪训练的实用性，又体现国学教育对学生内在修养的提升，内外兼修，双管齐下，实效性强。

本书以不同场合所需礼仪为纲编排成八个模块，精选适合学生的国学内容穿插在各相应模块中，如具有积极意义的思想言论、人物故事、国学名句、传统礼仪知识等，纠正重"仪"轻"礼"的倾向，将内在修养的提升与外在行为的规范紧密结合，双管齐下，塑造良好个人形象，快速提升大学生人际交往能力，以达到素养与能力并重的目的。

本书由重庆化工职业学院王芳、邓宇担任主编，重庆商务职业学院胡艺、重庆化工职业学院刘萍担任副主编，重庆化工职业学院李端节参与编写。组织协调、教材体例、提纲设计、全书的修改和统稿工作由王芳担任。各模块编者分别是：模块一：邓宇、王芳；模块二：刘萍；模块三：胡艺；模块四：李端节；模块五、模块六：王芳；模块七：邓宇，胡艺；模块八：邓宇，胡艺。

本书在编写过程中，参考和借鉴了相关资料。为增强教学的示范性和趣味性，本书配有部分插图，由肖苡人绘制。在此，一并表示衷心的感谢和诚挚的敬意！由于笔者水平所限，本书难免有很多不足的地方，敬请同行和使用本书的老师与同学提出宝贵意见。

编者
2017年11月

目　录

模块一　绪论　/001

模块二　基础礼仪　/011

　　任务一　仪表　/013

　　任务二　表情　/021

　　任务三　举止　/027

模块三　校园礼仪　/039

　　任务一　尊师礼仪　/040

　　任务二　课堂礼仪　/043

　　任务三　餐厅礼仪　/044

　　任务四　宿舍礼仪　/047

　　任务五　图书馆阅览室礼仪　/049

模块四　家庭礼仪　/053

　　任务一　家庭成员礼仪　/054

　　任务二　邻里礼仪　/058

模块五　社交基础礼仪　/063

　　任务一　称呼礼仪　/064

任务二　介绍礼仪　/069

　　任务三　握手礼仪　/072

　　任务四　名片礼仪　/075

　　任务五　交谈礼仪　/077

　　任务六　电话礼仪　/083

模块六　社交场合礼仪　/089

　　任务一　位次礼仪　/090

　　任务二　宴会礼仪　/100

　　任务三　拜访与会客礼仪　/106

　　任务四　馈赠与接受礼仪　/111

　　任务五　祝贺礼仪　/114

　　任务六　慰问与探望礼仪　/118

　　任务七　公共场所礼仪　/123

模块七　职场礼仪　/129

　　任务一　求职礼仪　/131

　　任务二　师徒礼仪　/134

　　任务三　工作场所礼仪　/137

模块八　习俗礼仪　/143

　　任务一　人生礼俗　/145

　　任务二　节日礼俗　/156

参考文献　/169

模块一 绪 论

学习目标

一、知识目标

掌握礼仪的概念。
了解礼仪的历史发展。
了解礼仪与国学的关系。

二、能力目标

能理解礼仪的核心概念、礼仪与国学的关系、中华礼仪的特点。

三、素质目标

树立"律己敬人"的礼仪意识和观念。

情景导入

同学们在张老师的带领下来到历史博物馆参观,看到了孔子的塑像,大家小声讨论起来。有同学说:"孔子是我们国家伟大的思想家、教育家。"有同学说:"儒家提出了'仁义礼智信'的观点。"老师在一旁补充道:"儒家文化的核心是礼文化,孔子提出的'礼'是我们华夏文明的骄傲。"

国学小资料

公如晋,自郊劳至于赠贿,无失礼。晋侯谓女叔齐曰:"鲁侯不亦善于礼乎?"对曰:"鲁侯焉知礼?"公曰:"何为?自郊劳至于赠贿,礼无违者,何故不知?"对曰:"是仪也,不可谓礼。礼所以守其国,行其政令,无失其民者也。今政令在家,不能取也。有子家羁,弗能用也。奸大国之盟,陵虐小国。利人之难,不知其私。公室四分,民食于他。思莫在公,不图其终。为国君,难将及身,不恤其所。礼之本末,将于此乎在,而屑屑焉习仪以亟。言善于礼,不亦远乎?"君子谓:"叔侯于是乎知礼。"

——《左传·昭公五年》

春秋时期,鲁昭公到晋国去访问。在晋国都城的郊外,东道主晋平公派大臣去行"郊劳"之礼。"郊劳"即到郊外迎接、慰劳之意。那时,国家之间的迎宾仪式从郊劳开始,步步为礼,极其复杂,但鲁昭公居然一点都没做错。晋平公对晋国大夫女叔齐说:"鲁侯很懂礼啊!"

女叔齐说:"鲁侯哪里懂得礼!"

晋平公说:"为什么?从郊外慰劳一直到赠送财货,没有违背礼节,为什么说他不懂得礼?"

女叔齐回答说:"他做的这些是仪,不能称作礼。对于一国之君来说,礼的根本作用在于帮助他维护国家秩序,行使政策法规,赢得老百姓的拥护。可鲁昭公没有做到这些。鲁国现在国内政治混乱,子家羁是著名的贤臣,鲁昭公不去任用他,反倒让奸佞小人把持了朝政。他和大国结盟,却不守盟约破坏协定,他乘人之危,总想欺负弱小的国家。利用别人的危难,却不知道自己也有危难。公室的军队一分为四,权力被三家大夫专擅,百姓靠三家大夫生活。民心不在国君。作为一个国君,危难将要到他身上,却不去忧虑自己的地位,不考虑后果,不去好好考虑治国的方针政策。礼的根本和枝节如此,他却把精力放在这些琐碎的仪节上。这样的人,说他懂礼,不是差得太远了吗?"看来真懂礼的要数女叔齐,而不是鲁昭公呀!

可见,礼与仪是两个方面,古人分得很清楚。仪是形式,像婚礼要拜天地之类是形式。而礼是内容,任何形式都蕴含着一定的内容和思想。如中国婚礼习俗喝交杯酒的意义:用两个红线联结的酒杯喝交杯酒,象征此后夫妻连成一体,有相同的地位,婚后相亲相爱,百事和谐,同时还含有让新娘新郎同甘共苦的深意。

外在的形式容易引起注意,容易学,而内在的东西不容易看到,容易被忽略。礼的外在形式很容易模仿,又最能吸引人们的注意,所以人们往往认为表面的东西就是礼,于是很多人只在这个层次上下工夫,特别是现代社会,生活节奏加快,人们就更容易忽略礼了。那么,什么是真正的礼呢?我们中国人的礼,不是指外面的仪,而是指内在的德行。礼是内在的德行,仪是德行的外在显示。可以说,礼仪,是内在德行和外在形式的统一。

知识探究

一、国学

国学,顾名思义,就是国家之学,也是国人之学。关于国学的定义,除基本定义外,在具体的定义上,到目前为止,学术界尚未做出统一明确的界定。中国历史上"国学"是指以国子监为首的官学,自"西学东渐"后相对西学而言泛指中国传统思想文化学术。

"国学"之名，始之清末。其时欧美学术进入中国，号为"新学""西学"，与之相对，人们便把中国固有的学问统称为"旧学""中学"或"国学"。

一般来说，"国学"又称"国故""汉学"或"中国学"，泛指传统的中华文化与学术。是指以先秦经典及诸子学说为根基并涵盖后期各朝代的各类文化学术，包括中国古代的哲学、史学、宗教学、文学、礼俗学、考据学、伦理学以及中医学、农学、术数、地理、政治、经济及书画、音乐、建筑等诸多方面。诸子百家如道家、法家、墨家、名家、农家等学说在各时期各相应领域都起着重要作用，尤其是儒家学说，对中国社会产生了深远的影响。

儒家文化是中华文化最重要的组成部分，儒家文化的核心是礼文化。就华夏文明而言，"礼仪"一词出现在商周时期，如《诗·小雅·楚茨》写道："献醻交错，礼仪卒度。"《周礼·春官·肆师》则言："凡国之大事，治其礼仪，以佐宗伯。"《史记·礼书》："至秦有天下，悉内六国礼仪，采择其善。"《春秋左传正义》云："中国有礼仪之大，故称夏；有服章之美，谓之华。"人们所熟知的儒家经典"三礼"——《周礼》《仪礼》和《礼记》，是古代华夏民族礼乐文化的理论形态，对礼法、礼义作了最权威的记载和解释，对历代礼制的影响最为深远。"三礼"记录、保存了许多周代的礼仪，其中，《周礼》偏重政治制度；《仪礼》偏重行为规范；而《礼记》则偏重对具体礼仪的解释、论述。由这"三礼"所涉及的各种礼制的总和，也就是"礼"的全部内容。"三礼"是我国古代政治制度的三部儒家经典，是中国古代礼仪制度的蓝本和百科全书。

而后，以孔子、孟子等为代表的儒家思想家在中华文明早期建构中，对礼仪建设更是贡献良多。儒家提出了"仁、义、礼"的观点作为其代表性思想。在《论语》里孔子认为，人的最终目的是成为一个君子，而成为君子的关键条件则是礼，所谓"兴于诗，立于礼，成于乐。"孔子在《论语》里指出君子在道德修养上要："君子无所争。君子和而不同，小人同而不和。君子义以为质，礼以行之，孙以出之，信以成之，君子哉。"他认为君子的显著特征是"君子谋道不谋食，忧道不忧贫。""名不正，则言不顺。言不顺，则事不成。事不成，则礼乐不兴。礼乐不兴，则刑罚不中。刑罚不中，则民无所措手足。故君子名之必可言也，言之必可行也，君子于其言，无所苟而已矣。"由此，孔子从逻辑上延伸，"子曰：恭而无礼，则劳；慎而无礼，则葸；勇而无礼，则乱；直而无礼，则绞；

君子笃于亲，则民兴于仁；故旧不遗，则民不偷。""子曰：上好礼，则民易使也。"换而言之，孔子以"仁、礼、乐"等儒家价值体系为标准，希望通过君子"礼乐射御书数"的修炼，把个人道德修养上升到国家政治治理的层面，进而形成以个人带动集体（家族），以局部（诸侯国）盘活全部（整个周帝国），最终实现自己的"大同"理想。

《三礼》

《四书》

儒家思想对中华文明产生了巨大而又深远的影响。时至今日，它仍然影响着中国的政治、经济、文化、教育、生活等各方面，现实中的很多为人处世之道都来自于儒家思想，比如"仁、义、礼、智、信"的道德标准、中庸之道等。今天我们学习国学，尤其是儒家礼文化，要批判地继承和发展传统文化，以当代文明的眼光，化解传统礼仪中那些与人性相左，与文明相反的成分，正确地认识儒家思想的内涵，评判儒家礼仪的现实价值。

二、礼仪

（一）何为礼仪

礼在中国是一种重要的文化形态。

礼仪，《说文解字》注："禮，履也。所以事神致福也。从示从豊，豊亦聲。"指事神致福的行为。"儀，度也。"指法度、标准。礼是由历史传统所形成的，以确立和维护社会秩序为核心内容的道德和行为规范，礼在社会实践中进一步程序化、规范化，就成为仪。

现今对于礼仪的具体的定义，可以说是人们在相互交往中，为了相互尊重，在仪容、仪表、仪态、仪式、言谈举止等方面约定俗成的、应该遵守的行为规范。礼仪的具体表现有礼貌、礼节、仪表、仪式等。

1. 礼貌

礼貌是指人们在相互交往中表示尊重、友好等谦虚、恭敬的规范行为。

2. 礼节

礼节是人们在日常生活中,特别是在交际场合,相互问候、致意、祝愿、慰问以及给予必要协助和照料时惯用的形式。

3. 仪表

仪表,即人的外表,包括容貌、表情、谈吐、举止、姿态、风度、服饰等。

4. 仪式

仪式是指特定场合举行的专门化、规范化的活动。

(二) 礼仪的起源

礼仪是人类文明发展到一定阶段的产物。作为社会性动物的人类,除了解决吃穿住行等基本生理需要外,还必须要解决人际交往的问题。因此,如何规范人际交往就成了礼仪起源的原动力。

如何解释礼仪的起源,根据人们不懈的研究,大致有以下几种说法。

其一,礼仪起源于祭祀。"礼"字是会意字,"示"指神。从中可以分析出,"礼"字与古代祭祀神灵的仪式有关。古时祭祀活动不是随意地进行的,它是严格地按照一定的程序、一定的方式进行的。郭沫若在《十批判书》中指出:"礼之起,起于祀神,其后扩展而为人,更其后而为吉、凶、军、宾、嘉等多种仪制。"

其二,礼仪起源于风俗习惯。人是社会性动物,需要分工合作。那么人们在分工当中,渐渐地产生了一些约定俗成的习惯,久而久之这些习惯成为了人与人交际的规范,当这些交往习惯被记录保存下来并同时被人们所遵守后,就逐渐成为了人们交际交往固定的礼仪。遵守礼仪,不仅使人们的社会交往活动变得有序,有章可循,同时也能使人与人在交往中更具有亲和力。1922年《西方礼仪集萃》一书问世,开篇中这样写道:"表面上礼仪有无数的清规戒律,但其根本目的在于使世界成为一个充满生活乐趣的地方,使人变得和易近人。"

其三,礼仪是为表达自身感情而存在的,是因为需要而产生的。在没有礼仪存在的时候，人们祭祀天地无法表达心中的敬畏，后来才出现了礼仪，之后拓展开始向长辈行礼来表达本身的敬意等。

从礼仪的起源可以看出，礼仪是在人们的社会活动中，为了维护一种稳定的秩序，为了保持一种交际的和谐而产生的。今天，礼仪依然体现着这种本质特点与独特的功能。

（三）中华礼仪四原则——敬静净雅

中华礼仪是道德与人格精神的外化，其原则主要有四。

1. 敬

礼者敬人。礼仪的核心和实质是对人的尊重。《礼记·曲礼》："毋不敬……夫礼者，自卑而尊人，虽负贩者（挑担子做买卖的人）必有尊也。"正如《礼记集解》所述，"礼仪三百，威仪三千，一言以蔽之，敬也"。敬是人与人交往的首要原则，也是人与人关系的最佳尺度，它要求待人礼貌客气、诚恳尊重、和气谦让。

2. 静

一个人应该拥有内在的宁静与从容，摒除杂念，摒除恶念，才能客观正确地认识社会与自身，明白自己的方向，实现自己的目标，拥有快乐幸福的人生，也才能展现出大方从容的气质，拥有良好的个人形象，并成为一个受欢迎的人。《大学》中说："知止而后有定，定而后能静，静而后能安，安而后能虑，虑而后能得。"意思是：知道应达到的境界才能够志向坚定；志向坚定才能够镇静不躁；镇静不躁才能够心安理得；心安理得才能够思虑周详；思虑周详才能够有所收获。

3. 净

保持个人自身清爽洁净，居住和工作环境整洁卫生，更要净化言行。《朱子家训》（亦称《朱柏庐治家格言》）中告诫我们：黎明即起，洒扫庭除，要内外整洁。器具质而洁，瓦缶胜金玉。

我们的环境要清净，环境清净会影响我们的心灵，使我们的心灵也能够清净；反过来，我们的心清净，也会影响环境。"内外整洁"，内是对心而言的，外是我们的环境。心内要整洁，心中不要有恶念，不要有烦恼，不要有妄想，内就整洁。内整洁了，必然感召外整洁。我们提倡和谐世界，这是外整洁，而外整洁取决于内整洁。所以构建和谐社会、和谐世界，要从我们内心做起，先要心内整洁，国土、天下自然也就整洁。

4. 雅

"雅者,古正也。"(《白虎通·礼乐》)。雅指正规的,标准的;美好的,高尚的,不粗俗的。我们应该注意自己的仪容仪表,衣着举止姿态、语言谈吐大方自然,文雅规范。

(四)现代礼仪的基本原则

1. 真诚尊重

真诚是对人对事的一种实事求是的态度,是待人真心实意的友善表现,真诚和尊重首先表现为对人不说谎、不虚伪、不骗人、不侮辱人;其次表现为对于他人的正确认识,相信他人、尊重他人,只有真诚尊重方能使双方和谐友爱。

2. 平等适度

现代礼仪中的平等原则,是指以礼待人,有来有往,尊重交往对象,以礼相待,对任何交往对象都应该一视同仁。平等原则是现代礼仪的基础。

适度原则即交往应把握礼仪分寸,根据具体情况、具体情境而行使相应的礼仪。如在与人交往时,既要彬彬有礼,又不能低三下四;既要热情大方,又不能轻浮谄谀;要自尊却不能自负;要坦诚但不能粗鲁;要信人但不能轻信;要活泼但不能轻浮;要谦虚但不能拘谨;要老练持重,但又不能圆滑世故。

3. 自信自律

自信的原则是社交场合中一个心理健康的原则。自信是社交场合中一份很可贵的心理素质。一个有充分自信心的人,才能在交往中不卑不亢、落落大方,遇到强者不自惭,遇到艰难不气馁,遇到侮辱敢于挺身反击,遇到弱者会伸出援助之手。一个缺乏自信的人,就会处处碰壁。

自律是指自我要求和自我约束。自觉约束自己的行为,做到"慎独",即在独处无人注意时,自己的行为也要谨慎不苟。这是个人风范的最高境界。

4. 信用宽容

信用即讲究信誉。孔子曾有言:"民无信不立,与朋友交,言而有信",强调的正是守信用的原则。守信是我们中华民族的美德,在社交场合,一是要守时,与人约定时间的约会,如会见、会谈、会议等,决不应拖延迟到。二是要守约,即与人签订的协议、约定和口头答应他人的事一定要说到做到,所谓言必信,行必果。如果没有把握就不要轻易许诺他人,许诺而做不到,会失信于人。

宽容就是理解他人，体谅他人，对他人不求全责备。俗话说"金无足赤，人无完人"。现实生活中的人，没有十全十美的。而且，不同的人有不同的成长环境、生活习惯和思想观念等，不能强求一致。要善于接纳他人。在礼仪方面，有些人擅长于礼仪交际，说话办事滴水不漏；有些人则不熟悉礼仪知识，可能会出现不得体不适当的言行。我们应尽可能对他人宽容大度一些。

5. 尊重习俗

《礼记》中说："入境而问禁，入国而问俗，入门而问讳。"俗话说"十里不同风、八里不同俗""到什么山唱什么歌"，这些格言都说明尊重各地不同风俗与禁忌的重要性。由于国情、民族、文化背景的不同，世界各民族各地区都可能有自己独特的风俗禁忌，我们应当理解它、尊重它，不违反这些风俗禁忌。必须坚持入乡随俗，与绝大多数人的习惯做法保持一致。

三、怎样学习礼仪与国学

学习礼仪与国学应该发扬"礼"本身浓厚的人文精神，提升自己内在的道德修养，掌握礼仪的方法与规则并在现实生活中自觉践行和运用。

第一，理解并实践礼的本质性要求——敬人爱人。《孟子》说："君子以仁存心，以礼存心。仁者爱人，有礼者敬人。""礼"即指内心对人的尊重。《礼记·礼运》写道："大道之行也，天下为公，选贤与能，讲信修睦，故人不独亲其亲，不独子其子，使老有所终，壮有所用，幼有所长，鳏寡孤独废疾者皆有所养；男有分，女有归，货恶其弃于地也不必藏于己，力恶其不出于身也不必为己，是故谋闭而不兴，盗窃乱贼而不作，故外户而不闭，是谓大同。"这段话的主旨是以孔子"人性本善"为人性前提，期望人们做到在文化、道德、信仰里大同，从而创造一个和谐幸福的人间天堂。

第二，学习和训练以掌握礼仪的要求、规则、方法，并在日常生活中积极认真地践行，自觉约束自己，将内在的道德修养外化于行。

儒家把日常行为进行细分，把抽象的忠、孝、仁、爱、礼、义、廉、耻等价值与其具体行为相联。比如《孟子》里说到有五种不孝的行为，"惰其四支（肢），不顾父母之养，一不孝也；博弈、好饮酒，不顾父母之养，二不孝也；好货财、私妻子，不顾父母之养，三不孝也；从耳目之欲，以为父母戮，四不孝也；好勇斗狠，以危父母，五不孝也。"把自己的行为与孝敬父母处处联系。

我们要从礼仪规范与中华优秀传统文化的紧密联系出发，树立"敬"与"爱"的礼仪观念，将其内化于心，外化于行，建立良好的礼仪规范，打造积极向上充满正能量的内心世界，拥有良好的个人形象，成为受欢迎的人。

实训演练

1. 讨论礼仪与国学的关系。
2. 举例说说我们生活中的礼节性行为具有什么样的内涵，如：课前向老师问好、对他人面带微笑、与人交谈时语气平和、赴约准时、求职面试前修饰自己的仪表、宴席时请长辈先入座等。

模块二　基础礼仪

学习目标

一、知识目标

了解仪态和表情在礼仪中的作用。
了解古代名人关于仪表仪态的言论。
熟悉古代礼仪在个人仪表仪态方面的要求。
掌握仪表美的基本原则。
掌握服饰礼仪的原则及着装要领。
掌握化妆的原则。
了解眼神与面部表情在社交活动中的作用，能正确理解面部表情及眼神。
熟悉日常交往、公共场所、求职、工作等不同场合举止的礼仪规范和忌讳。

二、能力目标

能够对自己的仪容进行恰当的美化修饰。
恰当地使用面部表情。
着装整洁规范，符合身份，能根据不同场合正确着装，具有一定的审美能力和服装搭配技巧。
养成正确的坐、立、行、蹲姿习惯，行为举止大方得体。

三、素质目标

重视个人形象，自觉约束自己的举止和美化自己的仪表。

情景导入

　　班·费德文是美国保险界的传奇人物，他从业近50年，每年的销售额平均为300万美元。1984年他获得保险业最高荣誉——强·纽顿·罗素纪念奖，被誉为"世界上最有创意的推销员"。就是这样一名出色的推销员，在刚刚进入保险行业时曾经因为穿着打扮非常不得体而差点被辞退。

　　公司负责人认为费德文头发理得根本不像推销员，衣服搭配得也极不协调，看上去又土气又难看。公司的推销高手告诉费德文："你一定要记住，要想有好的业绩，你必须先把自己打扮成一位优秀推销员的样子。"费德文却沮丧地说："我根本没有钱打扮自己。"推销高手继续开导他说，良好的外在形象会帮他加分，赢得别人的信任，这样工作也就更加得心应手。他建议费德文去找一个专门经营商务男装的老板，向他请教如何打扮才最得体。

　　之后，费德文先去理发店，要求发型设计师帮他设计一个干净整齐的发型。然后又去了同事告诉他的那家男装店，请老板指导他怎么穿着搭配才更适宜。老板非常认真地教费德文打领带，又帮他挑西装，然后教他怎样选择和西装相配的衬衫、领带、袜子等。他详细地向费德文解说每种款式、颜色该如何搭配，最后还特别送给费德文一本如何穿着打扮的书。

　　从此，费德文像变了一个人似的。不但在穿着打扮上像一个专业推销员，甚至是推销保险的时候也变得更加自信。他的业绩也因此不断地提升，获得了公司的认可。费德文改变的不仅是穿着打扮，更是一种由内而外的气质。一个人如果连管理自己、装扮自己都做不好，别人又怎么会相信他能够做好一项工作并取得成功呢？虽然并不是人人都天生拥有美丽的外表，但美商较高的人往往可以通过后天的努力提升自我形象，从而更容易获得成功。

任务一　仪　表

国学小资料

1. 冠必正　纽必结　袜与履　俱紧切

——《弟子规》

2. 衣贵洁　不贵华　上循分　下称家

——《弟子规》

3. 君子之修身也，内正其心，外正其容。

——欧阳修《左氏辨》

4. 君子不可以不学，见人不可不饰。不饰无貌，无貌不敬，不敬无礼，无礼不立。

——孔子《大戴礼·劝学》

 小故事

清代的英和，为翰林世家出身。一次，拜谒翰林院前辈窦东皋，当时正是三伏天，两人在厅中自早饭后即交谈，"正衣冠危坐两三时许"，可谁也不敢襟脱衣，以至"汗如雨下"，直到中午，英和才"乘间告退"。(《恩福堂笔记·卷下》)

知识探究

一、仪表

（一）仪表的构成

仪表是一个人的外观体现，它包括仪容、服饰、姿态和风度，是一个人教养、性格内涵的外在表现。

（二）重视自己的仪表

中国有古老的谚语："人靠衣妆马靠鞍。""佛要金装，人要衣装。"虽说时代不同了，但古人对仪容仪表的重视及整洁仪容要求是值得今人借鉴的。在现代社会交往中，一个人的仪表与着装往往决定着别人对你印象的好坏。仪表会影响别人对你专业能力及任职资格的判断。有谁会将重要任务交于一个蓬头垢面的人呢？如果你希望建立良好的形象，那就需要全方位地注重自己的仪表，从衣着、发式、妆容到饰物、仪态甚至指甲都是你要关心的。外在形象是一种无声的语言，它反映出一个人的道德修养，也向人们传递着一个人内心对生活的态度。具有一个优雅的仪表，无论走到哪里，都会带来文明的春风，得到人们的尊敬。

二、仪容

（一）什么是仪容

人的仪表之中，仪容是重点。每个人的仪容都会引起交往对象的关注，并将影响到对方对你的整体评价。

仪容，是指人的外观、外貌，重点是指人的容貌。它是由发式、面容以及人体未被服饰遮掩的肌肤所构成的。

（二）仪容的要求

1. 仪容自然美

指仪容的先天条件好，天生丽质。尽管以相貌取人不合情理，但先天美好的仪容相貌，无疑会令人赏心悦目，感觉愉快。

2. 仪容修饰美

指依照规范与个人条件，对仪容施行必要的修饰，扬其长，避其短，设计、塑造出美好的个人形象。容貌的基础是天生的，但天生丽质的人毕竟是少数，增强后天的保养、修饰、美容，能给人留下良好的个人印象。

3. 仪容内在美

指通过努力学习，不断提高个人的文化、艺术素养和思想、道德水准，培养自己高雅的气质与美好的心灵，使自己秀外慧中，表里如一。

仪容美，是上述三个方面的高度统一。忽略其中任何一个方面，都会使仪容美失之于偏颇。在这三者之中，仪容的修饰美是我们可以通过学习和实践达到的，仪容的内在美则是仪容美的最高境界。

（三）仪容的修饰美

仪容的修饰美是仪容礼仪重点关注的内容。修饰仪容的基本规则，是整洁卫生、美观、得体。

1. 保持清洁

清洁是仪容美的关键，是个人礼仪的基本要求，也是当今社会与人交往最基本、最简单、最普遍的仪容修饰要求。

（1）面容清洁　每日早晚洗脸，清除附在面部的污垢、汗渍等不洁之物。夏季要及时擦去脸上的汗，冬天外出前要擦好润肤产品，保护肌肤。多吃水果蔬菜，多喝水，以保持足够的水分，防止皮肤粗糙干燥。保证足够的睡眠，使面部看上去红润。

（2）口腔清洁　保持牙齿清洁，要坚持早晚刷牙。常规的牙齿保洁应做到"三个三"，即三顿饭后都要刷牙；每次刷牙的时间不少于三分钟；每次刷牙的时间应在饭后三分钟内。口腔异味影响交际，必要时可以用口香糖来减少口腔异味。但应指出，在正式场合嚼口香糖是不礼貌的，与人交谈时，也应避免。检查自己的鼻毛是否过长，以免有碍观瞻。如鼻毛过长应用小剪刀剪短，但不要去拔。保持鼻腔的清洁，不要用手抠鼻孔，尤其是在他人面前，这样既不文雅，又不卫生。

（3）头发清洁　养成周期性洗发的习惯，一般每周洗2～3次即可。易出油的头发应该至少2天洗1次；干性的头发洗头间隔时间可稍长一些。初秋，往往会出现头皮屑增多、脱发、断发的现象，主要是因为夏季强烈阳光的辐射、风吹、汗渍等使头发正常生长受到影响。所以在入秋前对头发要精心保养，可补充一些营养护发素等。如发现发尖分岔，就必须及时修剪。梳头时，一定要留意，上衣和肩背上不应留有头皮屑和脱落的头发。

（4）手的清洁　在交际活动中，手占有重要的位置。我们经常会用到握手的礼节，以及伸出手递接名片等，对方先接触到我们的手，通过观察手，可以判断一个人的修养与卫生习惯，甚至对生活的态度。因此，应经常清洗自己的手，修剪指甲。手的清洁与一个人的整体形象密切相连，应当引起足够的重视。但在公众场合修剪指甲是不文明、不雅观的举止。

（5）身体清洁　讲究个人卫生，养成良好的卫生习惯，要求身体勿带异味。常常洗澡是必要的，尤其是参加一些正式活动之前一定要洗澡。如果使用香水，香味宜淡雅，不要过于浓烈。在工作中最好不用香水。如果有"狐臭"，应及时治疗，避免引起交往对象的反感。

（6）胡须清洁　我国当代风俗，男子不蓄胡须，若不是老人或职业上的特殊需要，不要蓄胡须。男士每日要把脸刮干净。注意不可当众剃须。商务人员一般不提倡留长发、蓄胡须。

2. 适当化妆

随着社会的发展，化妆已成为许多人（特别是女性）生活中不可或缺的一部分。得体的妆容是收集注意力的聚光镜，也能帮你赢得良好的个人印象。同时，在职场里适度得体的化妆既是自信和尊重自己的表现，也是尊重别人的行为。

化妆时，应该把握以下几个原则。

（1）扬长避短　化妆的目的是突出自己最美的部分，并巧妙弥补不足之处。所以我们化妆时，要找出自己脸上富有美感之处，让它表现得更加醒目，同时用化妆品掩饰面部的不足，以达到化妆的最佳效果。

（2）浓淡适宜　一般来说，化妆有晨妆、晚妆、上班妆、社交妆、舞会妆等多种形式，化妆的浓淡要根据不同的时间和场合来选择。如工作妆要简约、清丽、素雅，而舞会妆则可浓艳一点。

（3）化妆避人　化妆或补妆应该遵循修饰避人的原则，选择无人的地方，如化妆间、洗手间等，切忌在他人面前肆无忌惮地化妆或补妆。一般情况下，女士在用餐、饮水、出汗等之后应及时为自己补妆。

（4）化妆禁忌　不要在公共场所化妆；不要在男士面前化妆；不要非议他人的化妆；不要借用他人的化妆品；男士不要过分化妆。

3. 注重发型

（1）可根据自己的脸形选择发型　如方脸型人选择卷发可增加柔和感；长脸型人选择刘海或蓬松式发型可增加丰满感；圆脸型人选择偏分、高耸式发型可增加成熟感。

（2）发型应符合环境场合　如休闲场合适宜选择时尚流行的发型；晚会场合适宜选择隆重高贵的发型；职业场合适宜选择简洁大方的发型。

三、服饰

服饰是非言语交流的主要媒介，反映了一个人的社会地位、身份、职业、收入、爱好，甚至一个人的文化素养、个性和审美品位。

（一）基本要求

（1）保持整洁。

（2）文明大方：忌过露、过透、过短、过紧。

（3）搭配得体：整体和谐、色彩搭配、鞋袜搭配。

（4）个性鲜明：与年龄、体形、职业、场合相吻合，保持自己的风格。

（二）着装的原则

1. 服饰TOP三原则

服饰TOP三原则是国际通行的着装三原则。

TOP是三个英语单词的缩写，它们分别代表时间（Time）、场合（Occasion）和地点（Place），即着装应该与当时的时间、所处的场合和地点相协调。

（1）时间原则　每天不同时段的着装规则对女士尤其重要。男士有一套质地上乘的深色西装或中山装即可，而女士的着装则要随时间而变换。白天工作时，女士应穿着正式套装，以体现专业性；晚上宴请、听音乐、看演出、赴舞会等就须多做一些修饰，如换一双高跟鞋，戴上有光泽的佩饰，围一条漂亮的丝巾。服装的选择还要适合季节气候特点，并顺应时代的潮流和节奏，避免太落伍或过分超前。

（2）场合原则　衣着要与场合及气氛协调。与顾客会谈、参加正式会议等，衣着应庄重考究；听音乐会或看芭蕾舞，则应按惯例着正装；出席正式宴会时，则应穿中国的传统旗袍或西方的长裙晚礼服；而在朋友聚会、郊游等场合，着装应轻便舒适。如果大家都穿便装，你却穿礼服就显得不够轻松；而如果以便装出席正式宴会，不但是对宴会主人的不尊重，也会令自己感觉尴尬。

（3）地点原则　衣着要与地点及环境协调。在自己家里接待客人，可以穿着舒适但整洁的休闲服；如果是去公司或单位拜访，穿职业套装会显得专业；在郊外可穿着轻松便于活动的服装。外出时要顾及当地的传统和风俗习惯，如去教堂或寺庙等场所，不能穿过露或过短的服装。

2. 穿着与形体肤色相协调

人的身材有高矮、胖瘦之别，皮肤颜色也有深浅之分，这是先天的，我们不能选择，但我们可以通过选择服饰的质地、色彩、图案、款式等，造成别人的错觉，达到美化自己的目的。例如：身材肥胖者穿横条纹衣服会显得更胖，而穿竖条纹衣服则显瘦。身材矮小者适宜穿造型简洁、色彩明快、小花型图案的服装；脖子较短者穿低领或无领衣可以使脖子显得稍长。

中国人的皮肤色大致可分为白净、偏黑、发红、偏黄和苍白等几种，穿着应与肤色在色彩上相协调。肤色白净者，适合穿各色服装。肤色偏黑或发红者，忌穿深色服装；肤色偏黄或苍白者，适合穿浅色服装。

3. 服饰的色彩搭配协调

服饰的色彩搭配一般有同色搭配法、相似搭配法、主辅搭配法。

同色搭配法是指把同一颜色按深浅、明暗不同进行搭配，如：深灰配浅灰、墨绿配浅绿等。许多人为了避免色彩搭配出错，往往会采用同色系的搭配方式，这样的服饰色彩搭配既简单，又时尚。

相似搭配法是指邻近色的搭配，如：橙色配黄色、黄色配草绿、黑色配灰色、紫色配黑色等。

主辅搭配法是指以一种色彩为整体的基调，再适当辅以一定的其他色的搭配。

4. 装饰品佩戴得当

装饰品主要包括服装配件（如帽子、围巾、手套等）和首饰（如戒指、胸花、项链、眼镜等）。装饰品既可画龙点睛，也可画蛇添足，所以我们在佩戴时要特别注意以下几点。

（1）以少为佳　一般情况下，戴首饰时，数量以少为佳。若有意同时佩戴多种首饰，总量不要超过三种。除耳环、手镯外，佩戴的同类首饰最好不要超过一件。

（2）同质同色　当佩戴多件首饰时，应当力求色彩、质地相同，避免五花八门、眼花缭乱的感觉。戴镶嵌首饰时，应保持其主色调一致。

（3）符合习俗　一个社会的人们在一定时期会形成一些具有一定共性的衣着方式，即衣着习俗，它包含着特定的社会文化信息。这种衣着习俗往往具有较强的稳定性，甚至世代相传，鲜有改变，如戒指、手镯、玉坠等的佩戴寓意和习俗等。我们佩戴这些装饰品时，就需要尊重当地的习俗。

（4）注意搭配　充分正视自身的形体特色，努力使饰品为自己扬长避短。如个子瘦高的人，应选择较显眼的腰带，而身材矮胖的人，要避免使用宽、装饰多的腰带。

（三）男士穿着

交际场合最常见、也最受欢迎的是西装。西装是公认的美观大方又穿着舒适的服装，男女皆宜。因为它既正统又简练，且不失气派风度，所以已经发展成为当今国际通用的标准礼服，在各种礼仪场合被广泛穿着，尤其是男士。西装的穿着有统一的模式和要求。

1. 西装穿着的"三个三"

（1）三色原则　指男士在正式场合穿着西装套装时，全身颜色必须限制在三种之内。

（2）三一定律　指男士穿着西服、套装时，身上有三个部位的色彩必须协调统一，即鞋子、腰带、公文包的色彩必须统一。这三处是男士最为引人瞩目之处，令其色彩统一，有助于提升自己的品味。最理想的选择是鞋子、腰带、公文包皆为黑色。

（3）三大禁忌　三大禁忌是指在正式场合穿着西服、套装时，不能出现的三个错误。

一是袖口上的商标没有拆。袖口上的商标应该在买西装付款时就由服务人员拆掉。

二是在正式场合穿着夹克打领带。领带和西装套装是配套的，如果是行业内部的活动，比如说领导到本部门视察，穿夹克打领带是允许的。但是在正式场合，夹克等同于休闲装，尤其是对外商务交往中，穿夹克打领带是绝对不能接受的。

三是正式场合穿着西服、套装时袜子出现问题。在商务交往中有两种袜子以不穿为妙，第一是尼龙丝袜，第二是白色袜子。

2. 关于西装纽扣

现今的西装，多为单排扣式样。若单排单粒扣，可系可不系，系上端庄，不系潇洒。

单排多粒扣（2粒及以上），最下面的扣子可不扣。但正式场合至少扣一粒扣子。男士站立时应扣好扣子，当坐下时，单排扣西装可解开扣子。

（四）女士穿着

1. 衬衫

衬衫的颜色可以是多种多样的，只要与套装相匹配就可以了。白色、黄白色和米色与大多数套装都能搭配。丝绸是很好的衬衫面料，但是干洗起来会贵一些。纯棉衬衫也很合适，但要保证浆过并熨烫平整。

2. 内衣

内衣要合身，身体线条流畅，穿得合适，注意内衣颜色不要外透。

3. 围巾

如果围巾上的颜色不止一种，其颜色中包含套裙的颜色效果较好。如果需要打结，围巾选择丝绸质地的为好。

4. 袜子

女士穿裙子应当配长筒丝袜或连裤袜，颜色以肉色、黑色最为常用，肉色长筒丝袜配长裙、旗袍最为得体。女士袜子要大小合适，而且袜口不能露在裙摆外边。应随身携带一双备用的丝袜，以防袜子拉丝或跳丝。不要穿带图案的袜子，不要穿有破损的长筒袜。尤其注意不能在公众场合整理自己的长筒袜。

5. 鞋

皮鞋是最畅销的职业用鞋。它们穿着舒适，美观大方。建议鞋跟高度以三至四厘米为主。正式的场合不要穿凉鞋、后跟用带系住的女鞋或露脚趾的鞋。鞋的颜色应与衣服下摆一致或再深一些。衣服从下摆开始到鞋的颜色一致，可以使大多数人显得高一些。如果鞋是另一种颜色，人们的目光就会被吸引到脚上。推荐中性颜色的鞋，如黑色、藏青色、暗红色、灰色或灰褐色。工作场合最好不要穿红色、粉红色、玫瑰红色和黄色的鞋。即使在夏天，穿白鞋也带有社交而非商务的意义。

6. 手提包

手提包最好是用皮革制成的；手提包上不要带有设计者标签。最实用的颜色是黑色、棕色和暗红色。

（五）着装的禁忌

第一，注意得体与整体美。各式时装鞋、休闲鞋不能与正式礼服相配。穿西服时一定要配颜色适宜的皮鞋，并且忌戴帽子。西服的衣裤兜内忌塞得鼓鼓囊囊。

第二，参加社交活动，进入室内场所时均应摘帽，要脱掉大衣或风雨衣等。男子任何时候在室内都不要戴帽子和手套，更不要戴墨镜。在室外遇有隆重仪式或迎送等礼节性场合，也不应配戴墨镜。有眼病需戴有色眼镜时，最好应向客人或主人说明并表示歉意，或在握手、交谈时将眼镜摘下，离别时再戴上。

第三，正式场合不要穿短裤、紧身裤、背心等，内衣（背心、衬裙、袜口等）不能露在外衣外面。宴会联欢时女士应穿裙子。女士穿旗袍时，开叉不可太高，膝上1～2寸为宜。在家里或宾馆内接待来宾和客人时，不得光脚，更不能只穿内衣、睡衣、短裤。

实训演练

1. 对照礼仪的要求，照照镜子，整理自己的仪容。
2. 寻找一个适当的场所，男同学练习系领带，女同学练习化妆。
3. 现场着装评析：寻找一位你喜欢的着装者，对其服饰搭配进行点评。

任务二　表　情

国学小资料

1. 善气迎人，亲如弟兄；恶气迎人，害于戈兵。

——管仲

和颜悦色，善意待人，就会亲如兄弟；恶声恶气，粗暴待人，比使用兵器更加伤人。

2. 足容重，手容恭，目容端，口容止，声容静，头容直，气容肃，立容德，色容庄……

——《礼记·玉藻》

这是《礼记·玉藻》中所说的一个君子见到尊者时的表现。他步履稳重不飘忽，手的姿势恭敬得体，目光端正，不多语，不妄言，不随便咳嗽，口里不发出异响。头颈正直，不倾斜摇晃，呼吸平静，站立姿势表现出道德修养，面色庄重，不矜不傲、不惰不慢。

"足容重、手容恭、目容端、口容止、声容静、头容直、气容肃、立容德、色容庄"乃古人所说的君子"九容"。

3. 色思温，貌思恭

——《礼记·玉藻》

说话处事时，要想着自己不要冰冷地板着脸，任何时候脸色都要温和；要考虑自己的态度，处处都得恭敬。

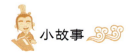 小故事

魏武将见匈奴使，自以形陋，不足雄远国，使崔季珪代，帝自捉刀立床头。既毕，令间谍问曰："魏王何如？"匈奴使答曰："魏王雅望非常，然床头捉刀人，此乃英雄也！"魏武闻之，追杀此使。

——《世说新语·容止》

这个故事讲的是曹操将要接见来自匈奴的使者，但自认为自己身材相貌矮小丑陋，不足以慑服远方的国家，于是派崔季珪（guī）代替自己，自己则拿着刀站在坐椅边。等到接见完毕，曹操派密使去问那个使者："你觉得魏王如何？"匈奴使者答道："魏王儒雅的风采不同寻常，然而在坐椅旁拿刀的那个人，才是真正的英雄！"曹操听后，就派人追杀了这个使者。

知识探究

一、面部表情礼仪

在人际交往中，表情反映着人们的思想、情感及其心理活动与变化。而且，表情传达的感情信息要比语言巧妙得多。

把握表情，并不是一件容易的事。人的眼神、笑容、面容是表达感情最主要的三个方面。美国心理学家艾伯特·梅拉比安把人的感情表达效果总结为一个公式：

感情的表达=语调（7%）+声音（38%）+表情（55%）

面部表情是指人们面部所显示出的综合表情，它对眼神和笑容发挥辅助作用，同时，也可以自成一体，表现自己的独特含义。

一般情况，通过面容所显示的表情，既有面部部位的局部显示，也有它们的彼此合作、综合显示。

（一）局部的显示

人的眉毛、鼻子、嘴巴、下巴、耳朵都可以独立地显示各自的表情。

1. 眉毛的显示

以眉毛的形状变化所显示的表情，一般叫做眉语。它既可配合眼神，也可独自表意。

皱眉型：双眉紧皱，多表示困窘、不赞成、不愉快。

耸眉型：眉峰上耸，多表示恐惧、惊讶、欣喜。

竖眉型：眉角下拉，多表示气恼、愤怒。

挑眉型：单眉上挑，多表示询问。

动眉型：眉毛上下快动，一般用来表示愉快、同意或亲切。

2. 嘴巴的显示

嘴巴形状的不同显示往往可以表示出人的不同心理状态。

张嘴：嘴巴大开，表示惊讶。

抿嘴：轻闭嘴唇，表示努力或坚持。

撅嘴：撅起嘴巴，表示生气或不满。

撇嘴：嘴角一撇，表示鄙夷或轻视。

3. 鼻子的显示

挺鼻：表示倔强或自大。

缩鼻：表示拒绝或放弃。

皱鼻：表示好奇或吃惊。

摸鼻：表示亲切或重视。

（二）综合的显示

（1）表示快乐　眼睛大，嘴巴张开，眉毛常向上扬。

（2）表示兴奋　眼睛大，眉毛上扬，嘴角微微上翘。

（3）表示兴趣　嘴角向上，眉毛上扬，眼睛轻轻一瞥。

（4）表示严肃　嘴角抿紧下拉，眉毛拉平。

（5）表示敌意　嘴角拉平或向下，皱眉皱鼻，稍一瞥。

（6）表示发怒　嘴角向两侧拉，眉毛倒竖，眼睛大睁。

（7）表示观察　微笑，眉毛拉平，平视或视角向下。

（8）表示无所谓　平视，眉毛展平，整体面容平和。

二、眼神礼仪

眼神，能够最明显、最自然、最准确地显示一个人的心理活动。爱默生曾说过："人的眼睛和舌头所说的话一样多，不需要字典，却能从眼睛的语言中了解整个世界。"很多时候，一个人内心的思想状况和情绪状态会通过他的眼神表现出来。眼睛与一个人内心的思想感情有着密不可分的关系，所以，通过观察一个人"心灵的窗户"——眼睛语言，可以在一定程度上对他有个大概了解和认识。

1. 注视的时间

（1）表示友好　向对方表示友好时，应不时地注视对方，注视时间约占全部相处时间的1/3左右。

（2）表示重视　向对方表示关注，应常常把目光投向对方，注视时间约占全部相处时间的2/3左右。

（3）表示轻视　目光经常游离对方，注视对方的时间不到全部相处时间的1/3。

（4）表示敌意或感兴趣　目光始终盯在对方身上，偶有离开，注视对方的时间占全部相处时间的2/3以上。

2. 注视的角度

注视的角度指注视别人时目光的角度，即目光从眼睛里发出的方向，表示与交往对象的亲疏远近。

（1）平视　也叫正视，即视线呈水平状态，常用于普通场合与身份、地位平等的人进行交往。

（2）侧视　是一种平视的特殊情况，即位于对方的侧面，面向并平视着对方。侧视的关键在于面向对方，若斜视对方，即为失礼之举。

（3）仰视　即主动居于低处，抬眼向上注视他人，以表示尊重、敬重对方。

多用于晚辈对长辈，下级对上级。

（4）俯视　即向下注视他人，常表示对他人轻慢、歧视。

3. 注视的区域

当你与他人交流时，应尽量把目光局限于上至对方的额头，下至对方上衣的第二颗纽扣以上（大致相当于胸以上的部位），左右以两肩为准的方框里，特别不能明显地将目光集中于对方脸上的某个部位或身体其他部位。如果是彼此初次相识，或者关系一般以及异性之间，更应该注意这一点，不要轻易超越这个"许可区间"，否则将被视为是无礼的表现。

三、笑容礼仪

笑容，即人们在笑的时候的面部表情。利用笑容，可以消除彼此间的陌生感，打破交际障碍，为更好地沟通与交往创造有利的氛围。

1. 笑的种类

在交往中，合乎礼仪的笑容大致可以分作以下几种。

（1）含笑　不出声，不露齿，只是面带笑意，表示接受对方，待人友善，适用范围较为广泛。

（2）微笑　唇部向上移动，略呈弧形，但牙齿不外露，表示自乐、充实、满意、友好，适用范围最广。

（3）轻笑　嘴巴微微张开一些，上齿显露在外，不发出声响，表示欣喜、愉快，多用于会见客户、向熟人打招呼等情况。

（4）浅笑　笑时抿嘴，下唇大多被含于牙齿之中，多见于年轻女性表示害羞之时，通常又称为抿嘴而笑。

（5）大笑　张嘴大笑，表现太过张扬，一般不宜在商务场合中使用。

以上几种笑容中，微笑是表情中最能赋予人好感、增加友善和沟通、愉悦心情的表现方式。一个喜欢微笑的人，必能体现出他的热情、修养和他的魅力，从而得到人的信任和尊重。

2. 笑的要求

笑的共性是面露喜悦之色，表情轻松愉快。但是，如果笑的方法不对，会笑得很难看，甚至显得很虚伪。

（1）发自内心　笑的时候要自然大方，显出亲切。

（2）声情并茂　笑的时候要做到表里如一，使笑容与自己的举止、谈吐有很好的呼应。

（3）表现和谐　笑是人们的眉、眼、鼻、口、齿以及面部肌肉和声音所进行的协调行动。

3. 笑的禁忌

在社交场合，不应有下述几种笑出现。

（1）假笑　笑得虚假，皮笑肉不笑。

（2）冷笑　含有怒意、讽刺、不满、无可奈何、不屑一顾、不以为然等容易使人产生敌意的笑。

（3）怪笑　笑得怪里怪气，令人心里发麻，多含有恐吓、嘲讥之意。

（4）媚笑　有意讨好别人，非发自内心，具有一定的功利性目的的笑。

（5）怯笑　害羞、怯场，不敢与他人交流视线，甚至会面红耳赤的笑。

（6）窃笑　偷偷地洋洋自得或幸灾乐祸的笑。

（7）狞笑　面容凶恶，多表示愤怒、惊恐、吓唬。

4. 微笑的训练方法

（1）基本方法　放松面部肌肉，使嘴角微微上翘，让嘴唇略呈弧形，最后在不牵动鼻子、不发出笑声、不露出牙龈的前提下，微微一笑。

（2）其他方法

情绪回忆法：通过回忆自己曾经的往事，幻想自己将要经历的美事引发微笑。

口型对照法：通过一些相似性的发音口型，找到适合自己的最美的微笑状态。如，"一""茄子""呵""哈""钱""肥"等。

习惯性伴笑：强迫自己忘却烦恼、忧虑，假装微笑。时间久了，次数多了，就会改变心灵的状态，发出自然的微笑。

露齿法：笑不露齿是微笑；露上排牙齿是轻笑；露上下八颗牙齿是中笑；牙齿张开看到舌头是大笑。

职业的微笑是露出6~8颗牙齿，礼仪接待要求工作人员持有职业的微笑。

但是在日常生活中，并非每一个人都适合那种露出6~8颗牙齿的微笑。可以对着镜子寻找自己认为最满意的最甜美的微笑，长期地保持下去，固化下来，形成自己独有的特别的灿烂的微笑。

实训演练

1. 每个人准备一面镜子，先练习脸部运动，然后配合眼睛运动，做各种表情训练。
2. 每个人面对镜子，练习微笑。
3. 练习与人打招呼、交谈时候的微笑和表情。

国学小资料

1. 步从容　立端正　揖深圆　拜恭敬
   勿践阈　勿跛倚　勿箕踞　勿摇髀

—《弟子规》

走路时要不急不慢从容大方，站立时身体要端庄直立。作揖时要把身子躬下去，弯腰动作要圆，礼拜时要恭恭敬敬。进出时，脚不要踩到门槛上；不要用一条腿支撑身体斜靠着；蹲坐时不要叉开两腿，更不要摇晃大腿。

2. 站如松，坐如钟，行如风，卧如弓。

—谚语

3. 非礼勿视，非礼勿听，非礼勿言，非礼勿动。

—《论语·颜渊》

尹夫人与邢夫人同时并幸，有诏不得相见。尹夫人自请武帝，愿望见邢夫人，帝许之。即令他夫人饰，从御者数十人，为邢夫人来前。尹夫人前见之，曰："此非邢夫人身也。"帝曰："何以言之？"对曰："视其身貌形状，不足以当人主矣。"於是帝乃诏使邢夫人衣故衣，独身来前。尹夫人望见之，曰："此真是也。"於是乃低头俯而泣，自痛其不如也。

——《史记·外戚世家》

汉武帝晚年时，同时宠爱两个妃子尹夫人和邢夫人，担心两人互相妒忌，闹矛盾，就下诏不准她们互相见面。有一次尹夫人请求武帝，希望能看见邢夫人，武帝答应了。就让另一位夫人梳妆打扮起来，后面跟着几十个宫女伺候着，冒充邢夫人来和尹夫人见面。尹夫人走上前去见她，说："这不是邢夫人。"武帝说："为什么这样讲呢？"尹夫人回答说："看她的相貌姿态，不足以当主子。"于是武帝就下令让邢夫人穿上旧衣服，单独前来。尹夫人远远看见她就说："这才是真的。"于是就低头哭泣，自己伤心不如邢夫人。

知识探究

举止指人的姿态和风度，是人在活动时身体各部分所呈现出的姿态。社交礼仪将举止视作人类的一种无声的"语言"。它既能表露人的思想、情感以及对外界的反应，也能反映人的素质、受教育的程度及能够被别人信任的程度。

一、基本要求

人们在人际交往中，尤其是在正式场合，应该做到举止文明优雅有度。具体说来，就是要求人的行为举止要尊重他人、规范美观、得体适度。

（一）尊重他人

孔子曰："己所不欲，勿施他人"，意思是自己不愿意做的事，不要强加给别人。社交活动中，如果你在采取具体的行动时能换位思考，自然在举止行为中就能体现出对对方的尊重、友好与善意。

以日常生活常见的递交物品为例，我们递交物品时遵守三原则：安全、便利、尊重。

若递刀递笔给他人，不要把刀尖、笔尖对着他人递过去，要令人有安全感并使对方很方便地接住，还要等对方接稳后才能松手，这就是尊重他人的表现。

端茶递水最好双手递上，注意不要溅湿他人；要讲究卫生，捧茶杯的手不要触及杯口上沿，避免客人喝水时嘴唇碰到你手指接触过的地方。

若递交书本、文件，也要尽量双手递上，让文字正向朝着对方，使对方一目了然，不能只顾自己方便而让他人接过书本文件后再倒转一下才看清文字。

（二）文明优雅

文明，是要求举止自然、大方、高雅，藉以体现良好的文化教养。

优雅，是要求举止规范美观，赏心悦目，风度翩翩，具有魅力。举止礼仪主要涉及手姿、立姿、坐姿、行姿。

（三）得体适度

行为举止应恰到好处，需要我们注意举止的三要素：情境、角色、距离。

1. 随情境变化

在办公室与在运动场，在教室与在足球看台上，出席婚礼与出席葬礼，朋友聚会与商务谈判……所表现出来的举止神态是有区别的。

2. 有角色意识

如果主次不分，没大没小，反客为主，不是别有用心，就是贻笑大方。人是社会的一分子，行为举止不能随心所欲，特别是官员、军人、教师等人群的行动就更不能太自由。特殊人物的举止格外令人关注，其效果也与众不同。

3. 有距离概念

在社交活动中，人与人之间保持距离的远近具有特定的含义。比如，距离75厘米左右是"个人界域"，意为"亲切、友好、融洽"，适合于朋友、同志、同事谈心；距离在45厘米以内是"亲密界域"，意为"亲密无间、爱抚"，适合于恋人、夫妻、母女等最亲近者的交流。男女同学之间如果经常靠得太近，未免有"相处过密"之嫌；情侣之间，如果离得太远，就有闹别扭之感。

二、基本仪态

英国哲学家培根在《谈美》中写道：形体之美要胜于颜色之美，而优雅行为之美又胜于形体之美。和容貌、身材的美相比，仪态美是一种深层次的美。

基本的举止仪态包括站姿、坐姿、走姿和蹲姿。

（一）站姿

站立是生活中以静为造型的动作，是优美举止的基础。优美的站姿能显示个人的自信，衬托出美好的气质和风度，并给他人留下美好的印象。

1. 站姿的基本要领

（1）头正，双目平视，嘴唇微闭，下颌微收，表情自然。

（2）双肩放松，稍向下沉，身体有向上的感觉，呼吸自然。

（3）躯干挺直，收腹，挺胸，立腰。

（4）双臂放松，自然下垂于体侧，手指自然弯曲。

（5）双腿并拢立直，膝、两脚跟靠紧，脚尖分开呈60度，身体重心放在两脚中间。

以上为站姿的基本要领，注意男女站姿应显示不同的美感，女性应表现出亭亭玉立，文静优雅；男性则应是刚劲挺拔，稳健大方。

2. 男士站姿

男士站立的正确姿势不仅是自己觉得舒适，更应该给人一种稳重的信赖感。

以下几种是男士常用的站姿。

（1）侧放式站姿　身体立直，抬头挺胸，下颌微收，双目平视，嘴角微闭，双手自然垂直于身体两侧，双膝并拢，两腿绷直，脚跟靠紧，脚尖分开呈"V"字型。这种站姿通常用在比较庄重、严肃的场合。如图2-1所示。

（2）前腹式站姿　身体立直，抬头挺胸，下颌微收，双目平视，嘴角微闭，双脚平行分开，两脚间距离不超过肩宽，一般以20厘米为宜，双手手指自然并拢，右手搭在左手上，轻贴于腹部，不要挺腹或后仰。

（3）后背式站姿　身体立直，抬头挺胸，下颌微收，双目平视，嘴角微闭，双脚平行分开，两脚之间距离不超过肩宽，一般以20厘米为宜，脚尖朝前，稍向外展。双手在身后交叉，右手贴在左手外面，贴在臀部上中部。这种站姿优美中略带威严，稳重大方。

图2-1　侧放式站姿

很多男士在站立的时候会将双手放在裤子口袋里面。长时间站立，将手置于裤袋中会给人轻率、不够庄重的感觉。有男士站立时将手插在腰间，会给人一种漫不经心或气势汹汹的感觉，特别是有女士在的场合，这种姿势非常不礼貌。

3. 女性站姿

（1）头正，两眼平视前方，表情柔和自然，面带微笑。

（2）两肩平整，微微放松，稍向后沉，两臂自然下垂，两手在腹前交叉，右手搭在左手上（前腹式）或双手贴于裤缝处（侧放式）。如图2-2所示。

（3）胸部挺起，腹部往里收，臀部向上向内收紧上提。

（4）两腿肌肉向内收紧，立直、紧贴。

（5）脚位：主要有三种。

小"V"字步：脚跟并拢，两脚夹角45～60度。

"丁"字步：左脚在前右脚在后，左脚的脚后跟紧靠右脚的脚窝处，两脚呈丁字形。

并步站姿：两脚呈平行并拢姿势。

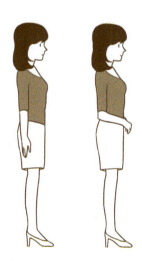

图2-2　女士站姿

4. 注意纠正不良的站姿

站立时，竖看要有直立感，即以鼻子为中线的人体应大体成直线；横看要有开阔感，即肢体及身段应给人舒展的感觉；侧看要有垂直感，即从耳至脚踝骨应大体成直线。男女的站姿亦应形成不同的风格。男子的站姿应刚毅洒脱，挺拔向上；女子应站得庄重大方，秀雅优美。良好的站姿应该有挺、直、高的感觉，真正像松树一样舒展、挺拔、俊秀。

纠正以下不良站姿。

（1）头部不正，出现习惯性前伸、侧歪等。

（2）扣胸、驼背、耸肩、撅臀。

（3）脊柱侧歪，造成高低肩。

（4）东倒西歪，左摇右晃，两脚间距过大。

（5）双手叉腰、抱胸、插袋。

5. 训练方法

（1）提踵　脚跟提起，头向上顶，身体有被拉长的感觉，注意保持姿态稳定，练习平衡感，训练站立时的挺拔感。

（2）两人一组，背靠背站立　脚跟、脚肚、臀部、双肩和后脑勺贴紧，头顶可顶一本书，练习站立动作的稳定性。

（3）背靠墙练习　身体五点成一线，后脑勺、肩、臀、小腿肚、脚后跟在一条线上（即贴墙），每次坚持15～20分钟，练习站立者动作的持久性与挺拔感。

（二）坐姿

1. 坐姿礼仪的基本要领

（1）入座要轻稳。

（2）上身自然正直，立腰，胸部向前挺，双肩平正放松，躯干与颈、髋、腿、脚正对前方。

（3）两臂自然弯曲放在双膝上，也可以放在椅子或沙发的扶手上，掌心向下，双膝并拢（男士可略分开些），双脚平落在地上。

（4）双目平视，表情自然。

（5）坐在椅子上，一般坐满椅子的三分之二，脊背轻靠椅背。

2. 女性坐姿礼仪

平时坐在椅子上，身体可以轻靠椅背，背部自然伸直；两脚并拢或前后放。两膝相靠，如果是与客人谈话时椅子不要坐满，二分之一处即可。背部保持直立，膝盖并拢，显得优雅而又从容。如图2-3（1）（2）所示。

在社交场合坐下来的时候将脚架起来是不礼貌的坐法。

到新结识的朋友家去，不要一开始就靠在椅背上，或者很深地陷靠在沙发中。前者显得傲慢无礼，或显得太随便；后者则表现出萎靡不振，缺乏生气。坐时要安详，自然地过渡到靠坐，长时间直坐之后，调整一下身体以坐得舒适点，这是自然的事，并不影响仪表美。

（1） （2） （3）

图2-3 规范坐姿

女士在公众场合坐下尤其是穿裙子坐下时，膝盖一定要并拢。正确优美的坐姿，不仅能很好地预防走光，还能给人以文雅稳重、自然大方的美感。

3. 男性坐姿礼仪

男士标准坐姿如下［图2-3（3）］。

（1）头部　头正稍抬，下颌内收；双眼平视。

（2）躯体　双肩自然下垂；躯干竖直，可向椅背后靠。

（3）三种脚位

①双脚自然平行停放，双膝弯曲90度至120度；

②双脚脚踝部分自然小交叉，往前停放在椅前，或曲回停放在椅下；

③一脚摆放在另一脚腿面，形成二郎腿姿（正式场合不宜用）。

（4）脚位禁忌

①分腿、前伸、平放；

②一腿弯曲，一腿平伸；

③采取二郎腿脚位时，双腿不停抖动；

④双脚或单脚抬放在椅面上。

男子就座时，双脚可平踏于地，双膝亦可略微分开，双手可分置左右膝盖之上，男士穿西装时应解开上衣纽扣。一般正式场合要求男性两腿之间可有一拳的距离。在日常交往场合，男性可以跷腿，但不可跷得过高或抖动。

欧美国家的男士叠腿而坐时,是把小腿部分放在另一条腿的膝盖上,大腿之间是有缝隙的,但注意脚不要跷得太高,以免鞋底正对旁边的客人。在与欧美国家人士交往时,需注意对方的习俗,这样更有助于双方的沟通。

(5)手位标准

①自然相握垂放在双腿上;

②双手自然平放在腿上;

③自然垂放在椅子扶手上;

④自然平放在桌面上;

⑤需谨慎使用的手位:双手抱胸;双手托面,肘部垂放在桌面或椅子扶手上。

(6)手位禁忌

①双手抱头;

②双手叉腰;

③双手后背。

(三)走姿

行走是人生活中的主要动作。从一个人的走姿就可以看出其精神是奋发进取或失意懒散,以及是否受人欢迎等,它最能体现出一个人的精神面貌。

在生活中有的人精心打扮穿着入时,如果走姿不美,就会逊色三分;而有的人尽管服装样式简单,优美的走姿却使他气度不凡。

1. 标准的走姿要求

行走时上身挺直,双肩平稳,目光平视,下颌微收,面带微笑;手臂伸直放松,手指自然弯曲,摆动时,以肩关节为轴,上臂带动前臂,向前、后自然摆动;身体稍向前倾,提髋屈大腿,带动小腿向前迈。女士走姿如图2-4所示。

2. 注意矫正不雅的走姿

内八字和外八字。

弯腰驼背,歪肩晃膀。

图2-4 女士走姿

走路时大甩手，扭腰摆臀，大摇大摆，左顾右盼。

双腿过于弯曲或走曲线。

步子太大或太小；不要脚蹭地面、双手插在裤兜或后脚拖在地面上行走。

男士的走姿像小脚女人走路一样，一步一挪；或像闲人一样八字步迈开。

（四）蹲姿

蹲姿一般采用高低式蹲姿：下蹲时左脚在前，右脚稍后，两腿靠紧往下蹲。左脚全脚着地，小腿基本垂直于地面，右脚脚跟提起，脚掌着地。右膝低于左膝，右膝内侧靠于左小腿内侧，形成左膝高右膝低的姿势，臀部向下，基本上靠一条腿支撑身体。上述蹲姿左右脚的前后顺序可以有变化。如图2-5（1）（2）所示。

要注意矫正不良的蹲姿，下蹲时一定要注意不要有弯腰、臀部向后撅起的动作；切忌两腿叉开、两腿展开平衡下蹲，以及下蹲时露出内衣裤等不雅的动作，以免影响你的姿态美。因此，当要捡起落在地上的东西或拿取低处物品的时候，不可有只弯上身、翘臀部的动作，而是首先走到要捡或拿的东西旁边，再使用正确的蹲姿，将东西拿起。如图2-5（3）所示。

（1）男士蹲姿　　（2）女士蹲姿　　（3）女士拾物蹲姿

图2-5　蹲姿

三、手势礼仪

（一）手势礼仪概述

手势指人运用手臂（包括指、腕、肘、肩）表现出的具体动作。它是人类最早使用的、至今仍被广泛运用的一种交际工具。在长期的社会实践过程中，手势被赋予了种种特定的含义，具有丰富的表现力，成了人类表情达意的最有力的手段，在体态语言中占有最重要的地位。如招手致意、挥手告别、拍手称赞、拱手致谢、举手赞同、摆手拒绝；手抚是爱、手指是怒、手搂是亲、手捧是敬、手遮是羞。作为仪态的重要组成部分。在社会交往中，如果手势得到正确地使用，会让你在社交中如虎添翼。

（二）常见的几种手势

1. "介绍"手势

为他人做介绍时，手势动作应文雅。应手心朝上，手背朝下，四指并拢，拇指张开，手掌基本抬至肩的高度，并指向被介绍的一方，面带微笑。在正式场合，不可以用手指点或拍打被介绍一方的肩和背。

2. 鼓掌

鼓掌表示欢迎、祝贺、赞许等。鼓掌时，手掌在胸部高度为宜，右手掌心向下，有节奏地轻击掌心向上的左掌。击掌时两边手指不要像行合十礼那样重合，可呈相握状。鼓掌一般要有声响。必要时，应起身站立。这种手势常用于欢迎他人光临或讲话、演出结束后。

3. 举手致意

用来向他人表示问候、致敬、感谢的手势。当你看见熟悉的人，又无暇分身的时候，或者与对方有一定距离，就可以举手致意，能立即消除对方的被冷落感。举手致意时要面向对方、手臂上伸、伸开手掌、掌心向外、指尖朝向上方。手举过头，通常用于与对方远距离问候；手举不过头，常用于和对方中距离问候；手举过头并左右摆动，常用于送别，表示依依不舍、再会。

4. 夸奖

伸出右手，跷起拇指，指尖向上，指腹面向被夸奖的人。若将右手拇指竖起来反向指向别人，就意味着自大或藐视。将拇指指向自己的鼻尖，就是自高自大、不可一世的意思。

5. "请进"手势

这是服务接待人员的常用手势。首先轻声地对客人说"您请"，然后可采用"横摆式"手势，五指伸直并拢，手掌自然伸直，手心向上，肘作弯曲，腕低于肘。以肘关节为轴，手从腹前抬起向右摆动至身体右前方，不要将手臂摆至体侧或身后。头部和上身微向伸出手的一侧倾斜，另一手下垂或背在背后，目视宾客，面带微笑。如图2-6所示。

6．"请坐"手势

接待来宾并请其入座时采用"斜摆式"手势，即要用双手扶椅背将椅子拉出，然后左手或右手屈臂由前抬起，以肘关节为轴，前臂由上向下摆动，使手臂向下成一斜线，表示请来宾入座。

（三）中外手势礼仪差异

在不同的国家、不同的地区手势有不同的含义。在用手势表示数字时，中国伸出食指表示"1"，欧美人则伸出大拇指表示"1"；中国人伸出食指和中指表示"2"，欧美人伸出大拇指和食指表示"2"。伸出一只手，将食指和大拇指搭成圆圈，美国人用这个手势表示"OK"，是"赞扬和允诺"之意；在印度，表示"正确"；在泰国，表示"没问题"；在日本、缅甸、韩国，表示"金钱"；在法国，表示"微不足道"或"一钱不值"；斯里兰卡的佛教徒用右手做同样的姿势，放在颌下胸前，同时微微欠身颔首，以此表示希望对方"多多保重"；在巴西、希腊和意大利的撒丁岛，这是一种令人厌恶的污秽手势；在马耳他，则是一句无声而恶毒的骂人语。

图2-6 请进手势

中国人表示赞赏之意，常常翘直大拇指，其余四指蜷曲；翘起小拇指则表示蔑视。日本人则用大拇指表示"老爷子"，用小拇指表示"情人"。在英国，跷起大拇指是拦路要求搭车的意思。在英美等国，以"V"字形手势表示"胜利""成功"；在亚非国家，"V"字形手势一般表示两件事或两个东西。

在欧洲，人们相遇时习惯用手打招呼。正规的方式是伸出胳膊，手心向外，用手指上下摆动。美国人打招呼是整只手摆动。如果在欧洲，整只手摆动表示"不"或"没有"之意。在希腊，一个人摆动整只手就是对旁人的污辱，那将会造成不必要的麻烦。

与不同的国家、地区、民族的人交往，需懂得他们的手势语言，以免闹出笑话，造成误解。

（四）运用手势语注意事项

1. 幅度适中

手势的幅度不要太大，但也不要畏畏缩缩。一般要求是：手势的高度上界一般不超过对方的视线；手势下界不低于自己腰部；手势左右摆动的范围不要太宽，应在胸前或右方。

2. 频率适中

在与人交谈的时候，避免指手画脚、手势过多。一般情况下，手势宜少不宜多，恰当的表达出你的意思和感情即可。手势过多会给人留下装腔作势、缺乏修养的印象。

3. 避免一些不礼貌的举止

与人交谈谈到自己时，不要用手指指自己的鼻尖，可用手掌按在自己的胸口上。

与人交谈谈到他人时，如此人在场，不能用手指着此人，更忌讳在背后对人指指点点等不礼貌行为。

与人交流时，避免抓头发、摆弄手指、抬腕看表、掏耳朵、抠鼻孔、剔牙、咬指甲、玩饰物、拉衣服袖子等动作。

实训演练

1. 练习站、坐、走、蹲的姿势。
2. 情景演练：模拟见到客人"请"的手势、引导客人的手势、"请坐"的手势。
3. 情景演练：模拟递交水果刀、笔、书本、文件的动作，加深对递交物品三原则的理解。
4. 讨论：在日常生活中自己有哪些不良举止？

模块三　校园礼仪

学习目标

一、知识目标

了解古代尊师的言论思想。

理解尊师的具体要求。

掌握校园礼仪规范。

二、能力目标

能根据不同场合与对象自觉而恰当地运用校园礼仪。

三、素质目标

树立尊师重教的观念。

培养勤奋求学的精神。

情景导入

同学，这里面有你的影子吗？

镜头一

时间：清晨　　地点：教室

预备铃响了，一位男同学睡眼惺忪，头发蓬乱，疾步冲进教室；又一位女同学左手面包，右手酸奶，走入教室，准备在课堂上开吃。上课中，张小宇跟同桌的同学交谈了一会儿，看了一眼正在讲课的老师，拿出手机玩了起来。

镜头二

时间：深夜12点半　　地点：男生寝室

一位男生正在电脑旁鏖战，手指敲击键盘发出急促的响声，全然不顾其他已经休息的室友。桌上，摆着几个吃过的方便面盒子和几张用过的餐巾纸。

任务一　尊师礼仪

国学小资料

1. 君子隆师而亲友。

——《荀子·修身》

2. 疾学在于尊师。

——《吕氏春秋·孟夏纪·劝学》

3. 一日为师，终身为父。

——《鸣沙石室佚书·太公家教》

4. 为学莫重于尊师。

——谭嗣同《浏阳算学馆增订章程》

5. 明师之恩，诚为过於天地，重於父母多矣。

——晋·葛洪《抱朴子·勤求》

 小故事

程门立雪

《宋史·杨时传》："至是，杨时见程颐于洛，时盖年四十矣。一日见颐，颐偶瞑坐，时与游酢（zuò）侍立不去。颐既觉，则门外雪深一尺矣。"

"程门立雪"讲的是北宋理学家杨时和游酢求学的故事。一天，杨时与他的学友游酢因对某问题有不同看法，为了求得一个正确答案，他俩就冒着鹅毛大雪，一同去请教老师程颐。来到程颐家时，适逢先生正在闭目养神。杨时二人不敢惊动打扰老师，就恭恭敬敬侍立在门外，等候先生醒来。过了很久，程老师醒来，发现两个学生站在门口的雪地里，赶忙起身迎他俩进屋。这时，门外的积雪已一尺多厚了。后来，杨时学得程门的真谛，东南学者推杨时为"程学正宗"，世称"龟山先生"。"程门立雪"的故事也成为尊师重道的千古美谈。

（程门立雪）

知识探究

一、尊师重教

作为学生应从心里敬重老师，尊重老师。

1. 尊重教师的人格和习惯

聆听讲课时有谦虚态度，听从老师的指挥。虚心接受老师的提醒和批评，不可顶撞。有不同看法时，可向老师请教、探讨。如有意见，可在课后与老师交换意见，不可当场顶撞老师。

无论何种场合，学生对师长都不应直呼姓名，而应以"×老师"称呼。

要尊重老师的习惯和人格，对老师的相貌、衣着、举止等不指指点点，评头论足。

2. 尊重教师的劳动

教师的辛勤劳动主要体现在教学上，学生体谅教师备课教学的辛劳，虚心学习，认真听好老师的每堂课，取得良好的学习成绩，这是对老师最大的尊重。

3. 铭记老师的辛苦与付出，感恩曾经教过自己的老师

对待教我们知识、教我们做人的老师，一辈子都不要忘记他们的恩情，要永远记住老师的教诲与付出，感恩曾经教过自己的每一位老师。

二、尊师礼仪

（1）学生和教师相遇，学生主动先向教师招呼问好。

（2）上下楼梯时或走在狭窄的通道时遇到师长，应主动站立一旁，让其先走。

（3）买饭、打水或乘车、船等对教师应主动礼让。

（4）休息时间不打扰老师。

（5）学生进老师办公室要敲门或叫报告，得到允许时方可进入。

（6）进入办公室后应对看到的其他老师点头致意。

（7）进出办公室的动作要轻，以免影响其他老师工作。

（8）不随便翻动办公室的东西或随意浏览老师电脑里的文件。

（9）学生和老师谈话时，老师请学生坐，学生方能坐下，若老师不坐，学生应和老师一起站着说话。

(10)同老师谈话,要集中精神,姿势端正。

(11)离开时要礼貌地向老师告辞。

实训演练

分别模拟路遇老师和进入老师办公室交谈的情景。

任务二 课堂礼仪

国学小资料

小故事

邴原泣学

邴原少孤,数岁时,过书舍而泣。师曰:"童子何泣?"原曰:"孤者易伤,贫者易感。夫书者,凡得学者,有亲也。一则愿其不孤,二则羡其得学,心中伤感,故泣耳。"师恻然曰:"欲书可耳!"原曰:"无钱资。"师曰:"童子苟有志,吾徒相教,不求资也。"原于是遂就书。一冬之间,诵《孝经》《论语》。

——明李贽《初潭集》

邴原是三国时著名的学者与名士,与管宁、华歆并称"辽东三杰"。邴原从小失去父亲,几岁时,他从书塾经过就哭起来了。书塾的老师问他说:"孩子,你为什么哭泣?"邴原答道:"失去父亲的人容易伤心,贫穷的人容易伤感。凡是能够学习的人,都是些有父母的孩子。我一来羡慕他们有父亲,二来羡慕他们能够上学。内心感到悲伤,所以就哭了。"老师为他感到悲伤,说:"你想要读书吗?"邴原说:"我没有钱交学费。"老师说:"孩子你如果有志向,我愿传授你知识,不要学费。"于是邴原去学习了。在一个冬天之内,他熟练地背诵出了《孝经》《论语》。

知识探究

课堂是学习的主要场所,认真学习,遵守课堂礼仪既是对老师的尊重,也是使自己获得真才实学的必要条件。同学们应遵守以下课堂礼仪。

(1)穿着整齐,不穿拖鞋背心等进教室。

(2)带好相关书籍与笔记本等学习用具。

(3)按时上下课,不迟到早退旷课。如果迟到,应向老师报告致歉。中途有事需出去时要征得老师同意。

(4)课前起立向老师鞠躬致敬问好。

(5)发言或提问要举手经老师同意并起立。

(6)不在课堂吃早餐、零食等。

(7)上课不睡觉,不玩手机,不做其他事。

(8)听课时不出声,发言时需积极。

(9)手机应关闭或调至无声状态。

(10)最后一个离开教室者,应自觉关灯、关门。

实训演练

1. 练习向老师鞠躬问好。
2. 讨论:对照课堂礼仪讨论自己有哪些做得好,哪些不好。

任务三 餐厅礼仪

国学小资料

1. 一粥一饭,当思来处不易;半丝半缕,恒念物力维艰。

——朱柏庐《治家格言》

2. 睹农人之耕耘，亮稼穑之艰难。

——三国·魏·何晏《景福殿赋》

3. 共食不饱，共饭不择手。毋抟（tuán，捏饭成团）饭，毋放饭，毋流歠（chuò，大口喝），毋咤食，毋啮骨，毋反鱼肉，毋投与狗骨；毋固获，毋扬饭。饭黍毋以箸，毋嚃（tà，囫囵吞咽）羹，毋絮羹，毋刺齿，毋歠醢（hǎi，肉酱）。客絮羹，主人辞不能亨；客歠醢，主人辞以窭（jù，无财备礼）。

——《礼记·曲礼》

这段文字说的是古人共同进餐的一般礼仪。

古人实行分餐制，主食放在中间，不可以只顾自己吃饱就抟起大饭团吃，现代社会也不可在刚开始吃饭的时候就把自己的饭碗装得满满的，这样的行为是十分不合礼仪的。

"毋放饭"是说自己吃饱之后剩下的饭不可以再放回去，"毋反鱼肉"所说的也是这样的道理，让别人吃自己的剩饭剩菜是不礼貌的。"流歠"是大喝的意思，长饮不停，好像喝不饱一样，这会给人一种抢吃抢喝的感觉。"扬饭"是说因为饭太热，着急地要吃饭，把饭扬起来，以让饭快速冷下来，这样的行为，都不礼貌。"咤食"是指在吃饭的时候口中发出声音，"啮骨"是说人在吃带骨头的肉时，用牙使劲地啃咬骨头，这样的行为都不雅观。不要把拿起的鱼肉又放回盘子中，不要把骨头投给狗。"固获"即一直吃一种自己非常喜欢吃的菜，而不顾及别人的感受，好像把那盘菜占为己有一样，这样对其他共同进食的人是不够尊重的。"饭黍毋以箸"是说在吃黏米饭的时候，不要用筷子，因为用筷子吃黏米饭的话，米粒就会粘到筷子上，然后再用筷子夹取菜肴，就会给人一种不洁净的感觉，所以古人或者用手抓，或者用勺，但不用筷子。

古人吃饭常有羹，羹是菜汤的意思。"嚃羹"即大口喝菜汤，不加咀嚼而连菜吞下，十分不雅，要避免。"絮羹"，是往菜汤里加调料，若是在外面的餐馆吃饭，喝汤时觉得没有味道，希望厨师再加些佐料，这是可以的，但是到别人家做客时，上菜之后再让主人加佐料，这会让主人很尴尬。"刺齿"即剔牙，在饭桌上剔牙是极不雅观的。"歠醢"即喝调味的肉酱，古人在餐桌上准备肉酱，是用来蘸肉吃的，如果在吃饭的时候喝肉酱，就会给人饭菜准备不足、饭菜没有味道的感觉，准备饭菜的主人会很过意不去。

模块三 校园礼仪

如果客人不懂礼貌，在吃饭时"絮羹"，那么主人就以自己厨艺不佳、准备不够周到来回应。如果客人在吃饭时"歠醢"，主人只好说自己家贫，不足以准备好菜、不足以调味，而不能责备客人不懂礼貌。

现代的宴饮礼仪虽不似古代那么繁琐，但诸如吃饭时嘴里不要发出声响、不要盛过多的饭菜、不要在饭桌上剔牙等礼仪，则与古代是一脉相承的。

知识探究

食堂就餐礼仪如下。

（1）有秩序地进餐厅，不拥挤、不插队，互相谦让。

（2）如果和师长一起吃饭，要请长辈先入座。

（3）节约粮食，不将吃剩的饭粒菜屑随地乱扔。骨刺以及无法吃的其他东西，不要随地乱吐，可放到餐具里或吐到自己准备的其他盛具里。

（4）文明就餐，不大声喧哗。打喷嚏、剔牙应以手掩口，不对着别人。

（5）嘴里含有食物时，不要贸然讲话。他人嘴含食物时，最好等他咽完再对他讲话。

（6）注意保持就餐环境卫生，不可在餐厅乱扔杂物，不随地吐痰，不吸烟。

（7）饭后收拾餐盘，放到指定地点。

（8）节约粮食，节约用水，水龙头应随手关闭。要爱护公共财物，不可用脚踏饭桌、坐凳等。

（9）异性同学在一起就餐时，举止应当文雅、得体，避免过于亲昵的举动。

（10）尊重炊事人员、管理人员的劳动，如有什么问题，切不可争吵或辱骂、当面顶撞炊事人员、管理人员，应通过伙食管理部门或其他途径解决。

实训演练

1. 讨论列举校园食堂餐厅不文明现象。
2. 模拟校园食堂就餐情景，展现礼仪规范。

任务四　宿舍礼仪

国学小资料

朝起早　夜眠迟　老易至　惜此时
晨必盥　兼漱口　便溺回　辄净手

——《弟子规》

知识探究

宿舍是大学生的主要活动场所之一，是大学生的"避风港"，是大学生的心灵驿站。大家携手才能让它沐浴在阳光里。

大学生在性格、生活习惯、价值观念、成长环境、经济状况等方面存在着差异，大家来自全国各地，有着不同的生活习惯，持有不同的价值观念，对待同一件事的态度往往不同，一起相处难免会出现摩擦。宿舍环境的自由度使大学生的个性更加彰显。有些大学生说，反感某个同学的原因，往往就是源于一些生活细节，比如：有人总是喝别人的开水，有人喜欢将异性朋友带到宿舍，有人不喜欢值日，有人作息时间不规律等。大学生们应该多与室友交流，善于发现室友的优点（哪怕是很小），多关心室友，宽容大度，善于接纳他人，尤其是宽容他人的缺点，不要太计较小事。同时，遵守宿舍礼仪，共同创造一个和谐的学习、生活环境。宿舍礼仪主要有以下几项。

（1）遵章守纪，遵守学生宿舍的管理制度，尊重宿舍管理员老师，服从管理。

（2）同学之间互相团结，互相帮助，和睦相处，对有困难和生病的同学要多关心照顾，同学间有了小矛盾要互谅互让，严于律己，宽以待人。

（3）自觉遵守宿舍生活秩序，按时就餐、熄灯、起床。

（4）不妨碍公共安宁，在宿舍楼内不大声喧哗、打闹，放音乐、玩电脑等音量要适宜，时间不要太晚，不要影响他人休息。

（5）上下床动作轻，拿东西声音小。

（6）不随便在他人床上坐卧。未经允许不翻动别人的东西，使用别人物品要征得主人同意。

（7）搞好个人卫生，衣服勤换洗，床铺勤打扫，被褥叠整齐，垃圾及时清理，用具摆放合适。

（8）自觉参加值日工作。主动搞好公共卫生，保持宿舍内整洁美观。不在宿舍内吸烟、饮酒，不向窗外、走廊泼水、乱扔果皮杂物。

（9）爱护公共财物，养成节约用水、用电、关门窗的好习惯，人走灯熄，杜绝水龙头长流水现象。不在墙上乱写、乱画、乱贴、乱钉。

（10）讲究文明礼貌，以礼待人。老师及客人进宿舍，下铺的同学要起立，上铺的同学要坐起，主动打招呼。当客人告辞时应以礼相送。

（11）在宿舍里接待亲友等要告知室友。进门后，应主动向其他同学作介绍。交谈声要轻，时间要短，以免影响其他同学的正常作息。

（12）同学间关心有度，不过分热心于别人的私事。

（13）抽烟、打牌、会客等应征得室友同意。

（14）公共消费（如用电）应足额承担自己消费的部分。

（15）宿舍公共事务应由全体成员共同协商解决。

实训演练

1. 对照宿舍礼仪讨论自己和他人有哪些做得好，哪些不好？

2. 分别模拟辅导员、室友家长、室友朋友来寝室的情景，展现礼仪规范。

任务五　图书馆阅览室礼仪

国学小资料

古代的图书馆

1. 盟府

出现在周朝。《左转·僖公五年》："勋在王室，藏于盟府。"意思是说，有功劳受到王室封赏的记录，都收藏在盟府里。此"盟府"即我国图书馆的雏形。

2. 守藏室

春秋时的思想家老聃当过"守藏室之吏"，管理"百国之书"。

3. 石室

出现在秦朝。《史记·太史公自序》："秦拨去古文，焚灭诗书，故明堂石室金匮玉版图籍散乱。"

4. 阁

汉代在使用"石室"的同时，还建造了"阁"来藏书。汉高祖的相国萧何曾在未央宫北面盖了三座"藏书阁"，其一名曰"天渠阁"，专门收藏入关时所得的秦朝图籍。"阁"在明清两代得到很大发展，公私皆建。明代的国家图书馆名"文渊阁"；私人建的有常熟人毛晋的汲古阁、宁波人范钦的天一阁等。特别是乾隆当政时，一朝就建了七个国家图书馆。它们是：文渊阁（北京紫荆城内）、文津阁（承德避暑山庄）、文源阁（圆明园内）、文宗阁（江苏镇江金山寺）、文汇阁（江苏江都县）、文溯阁（沈阳故宫）和文澜阁（杭州西湖孤山）。

5. 秘阁

始于汉止于宋，是皇家图书馆，专门收藏珍贵图书，且设有专门的官吏管理。

6. 崇文院

中国宋代贮藏图书的官署。唐太宗贞观中设崇文馆,为太子学馆,置学士等官,掌管东宫经籍图书,以教授诸生。北宋建立后,沿袭唐代旧制,以汴京(今开封市)之昭文馆、史馆、集贤馆为三馆,称为西馆。太平兴国三年(978),建三馆书院,迁贮三馆书籍,赐名崇文院。端拱元年(988),就崇文院中堂建秘阁,仍与三馆总称崇文院。

7. 京师图书馆

清末,在北京成立了京师图书馆,收藏了所有能收集到的图书。1928年,中华民国改"京师图书馆"为"国立北平图书馆"。

知识探究

书籍是人类进步的阶梯,人活到老,学到老,书本是我们的良师挚友。作为现代大学生,更要从书中吸取精华,提升自身素质,博古通今,与时俱进。图书馆阅览室是公共学习场所,来这里或借阅图书资料,或查看报章杂志,是为了丰富充实自己的精神世界,提高自己的文化修养。所以,到这种场合尤其应当注意文明礼貌。

(1)衣着整洁,不穿拖鞋背心等进入图书馆阅览室。

(2)尽量不要发出声响。走路要轻,就座时移动椅子不要发出声音。阅读时不要发出声音,把手机调为静音或震动,不在图书馆阅览室内接打电话。

(3)不大声交谈,更不能喧哗。碰到熟人可点头致意,如要交谈,应离开阅览室找一个不影响他人的地方,不可在室内谈笑。

(4)不要为自己或他人占座。

(5)不要在座位上躺卧、睡觉。

(6)不在图书馆阅览室吃零食、扔废纸。

(7)对开架书刊应逐册取阅,不要同时占有多份,阅后立即放回原处。

(8)查阅卡片和图书时要轻拿轻放、轻翻。不能私自剪裁图书资料或在卡片上涂画。

（9）举止文雅，尤其情侣不要做出一些亲密举动。

实训演练

1. 说说自己在图书馆阅览室里的行为存在哪些问题。
2. 列举自己在图书馆阅览室里看到的不文明行为。

模块四　家庭礼仪

学习目标

一、知识目标
了解古代关于家庭、邻里的经典言论及思想。
掌握家庭礼仪总原则及家庭成员相处礼仪。
掌握邻里礼仪要点。

二、能力目标
能根据不同场合与对象自觉而恰当地运用家庭礼仪。

三、素质目标
培养维护和谐家庭的责任感。
孝敬父母，尊老爱幼，珍视亲情，邻里和睦。

礼仪与国学

情景导入

情景一：

在中秋这个月圆人团圆的传统佳节，王爷爷一家人总算聚齐了。厨房里，王爷爷和老伴李大妈正手忙脚乱地准备晚餐；客厅里，儿女们都在麻将桌上奋战着；孙子孙女们则拿着手机忙着打游戏、聊天、抢红包……一家人看似热闹，却甚少交流。

情景二：

深夜11点半，某小区里，15楼的一家住户正在开party。几个小青年随着劲爆的音乐摇头晃脑，兴致正酣。声音实在太大，导致邻居不能入眠。邻居张先生于是敲门希望制止，由于双方语气和态度都不好，很快就吵起来了，还大打出手。这场风波最终在警察的调解下收场。

任务一　家庭成员礼仪

国学小资料

1. 夫孝，天之经也，地之义也。

——《孝经》

2. 父母威严而有慈，则子女畏甚而生孝矣。

——《颜氏家训》

3. 听妇言，乖骨肉，岂是丈夫；
   重资产，薄父母，不成人子。

——《朱子家训》

4. 为人子，止于孝；为人父，止于慈。

——《大学》

5. 父母在,不远游,游必有方。

——《论语·里仁》

 小故事

扇枕温衾

汉朝时期,有一个叫黄香的人,是江夏(今湖北境内)人。九岁丧母,事父极孝。在炎热的夏天,他用扇子扇凉席子让父亲睡。冬天则先钻进被窝温热被子让父亲睡。他当魏郡(今属河北)太守时,当地遭遇洪灾,他拿出自己的俸禄和家产救济灾民。人们称他:"天下无双,江夏黄香。"

知识探究

一、家庭礼仪总原则

家庭礼仪是维持家庭稳定和实现幸福的基石,而家庭的和谐稳定也有助于社会的稳定、国家的发展。

1. 平等

家庭成员的关系应该是平等的,这种平等主要体现在人格平等、话语权平等。不论社会地位的贵贱、收入的高低,回归到家庭生活里都应该是平等的。只有平等的关系才能长久,平等对家庭的和谐稳定意义重大。

2. 尊重

尊重是指平等相待的心态及其言行。中国自古以来就是礼仪之邦,这离不开对尊重的正确认知与践行。在家庭生活里,尊重家庭成员的人格、隐私、劳动成果等是极其重要的。尊重他人是一种高尚的美德,是个人内在修养的外在表现,只有尊重他人才能赢得别人的尊重。

3. 包容

包容是"仁",是大爱,需要宽大的心胸和非凡的智慧。长期生活在一起,难免磕磕绊绊,况且人无完人,若毫无包容之心,就难保家庭的圆满幸福。

二、家庭成员相处礼仪

1. 父母

为人父母是一种身份,更是一种责任。俗话说"三岁看老",父母是孩子的首任老师,父母的礼仪教养、为人处世、行为习惯等对孩子影响深远。因此,父母与孩子的相处应注意以下几点。

(1)真诚关爱,尊重孩子 我国自古以来就以"尊老爱幼"为传统美德。父母对孩子的关爱是毋庸置疑的,但要懂得区分"关爱"与"溺爱",一个能成人,一个能害人,万万不可大意。要尊重孩子,对于孩子的心里话要仔细聆听、真诚交流,但不可做出侵犯孩子隐私的行为,如翻看笔记本、查看聊天记录等。

(2)示范引领,言传身教 父母要从自身做起,让孩子从父母身上学习孝顺长辈、谦虚礼让、重情重诺等传统美德。要知道耳濡目染比空讲大道理来得更生动、更有说服力。

(3)民主开放,与时俱进 要营造家庭的民主氛围,家庭的重大决策也应该征求孩子的意见。父母不要抱着老一套的思想与教育方法,要做到与时俱进。要主动了解孩子的世界,寻找共同话题,从各方面表现关爱与支持。

2. 子女

俗话说"百善孝为先。"孝顺父母、尊重老者,是中华民族的传统美德,也是做人的基本之道。生育之情、养育之恩,子女应铭记于心、永世不忘。

(1)孝顺父母,陪伴父母 孝顺父母是为人子女最起码的道德与良知。孝顺绝不仅仅是物质上的报答,更多的是精神上的给予。真诚的关爱、贴心的陪伴才是父母想要的孝顺。

(2)尊重父母的选择 子女长大后不应过多干涉父母的私事,要给父母充分的尊重。父母的幸福为第一要事,子女不应该加入太多自己的考量和干涉。尤其是失偶老人的再婚问题,子女应更多的给予支持和理解。

（3）自力更生，绝不"啃老" 子女成年后应自力更生，不做"啃老族"，不做社会的蛀虫。"啃老"不仅指长期花父母的钱，也指视老人为保姆，霸占其劳动力还心安理得。

3. 夫妻

俗话说"十年修得同船渡，百年修得共枕眠。"两个毫不相干的人，走到一起成为夫妻共度一生，本就是十分奇妙而又美好的事情，这样的情缘必须好好珍惜。现今社会，自由开放，很多观念都在发生着变化，但不管怎么样，既为夫妻就应该好好经营婚姻。

（1）坦诚相对，彼此信任 夫妻间应分享自己生活中和工作中的乐趣和烦恼，遇到问题能平和地讨论商量，这样信任自然会常伴左右。

（2）亦师亦友，彼此尊重 在同行的路上，像师者一样肯定对方的优点，指出对方的错误，做对方前行路上的镜子与明灯。做对方的好朋友，了解对方的喜怒哀乐，没有负担地相处。尊重对方的人格，尊重对方的隐私，给彼此时间和空间，让感情保鲜。

（3）懂得自省，知错就改 张爱玲说"因为相知，所以懂得。因为懂得，所以慈悲。"针尖对麦芒的时候，一方表现出忍让宽容，另一方就要懂事收敛，不要得寸进尺。待冷静下来后思考自己的错误和不足，并积极反思、改进。爱可以让我们变成更好的自己，这才是爱最难能可贵的地方。

（4）互帮互助，共同进步 不停止对生活的追求，不停止对真善美的追求。在工作和生活上互帮互助，共同进步，坚决做彼此的思想同行者、行动追随者，所谓"夫妻同心，其利断金"。

实训演练

1. 读下面一段文字，理解其意思。

《孝经》选段
开宗明义章第一

仲尼居，曾子侍。子曰："先王有至德要道，以顺天下，民用和睦，上下无怨。汝知之乎？"曾子避席曰："参不敏，何足以知之？"子曰："夫孝，德之本也，教之所由生也。复坐，吾语汝。身体发肤，受之父母，不敢毁伤，孝之始也。立身行道，扬名于后世，以显父母，孝之终也。夫孝，始于事亲，中于事君，终于立身。《大雅》云：'无念尔祖，聿修厥德。'"

2. 在与父母相处的过程中，你做得好的有哪些？做得不好的有哪些？

3. 放假回家时为父母做饭。

4. 学唱歌曲《常回家看看》。

常回家看看

找点空闲找点时间	常回家看看回家看看
领着孩子常回家看看	哪怕给妈妈刷刷筷子洗洗碗
带上笑容带上祝福	老人不图儿女为家做多大贡献
陪同爱人常回家看看	一辈子不容易就图个团团圆圆
妈妈准备了一些唠叨	常回家看看回家看看
爸爸张罗了一桌好饭	哪怕给爸爸捶捶后背揉揉肩
生活的烦恼跟妈妈说说	老人不图儿女为家做多大贡献
工作的事情向爸爸谈谈	一辈子总操心只图个平平安安

 # 邻里礼仪

国学小资料

1. 亲仁善邻，国之宝也。

——《左传·隐公元年》

2. 天灾流行，国家代有，救灾恤邻，道也。

——《左传·僖公十三年》

3. 懋乃攸绩，睦乃四邻，以蕃王室，以和兄弟。

——《尚书·蔡仲之命》

4. 远水不救近火，远亲不如近邻。

——谚语

 小故事

三尺巷

清朝康熙年间有个大学士名叫张英。一天张英收到家信,说家人为了争宅基地,与邻居发生纠纷,要他利用职权疏通关系,打赢这场官司。张英阅信后坦然一笑,挥笔写了一封信,并附诗一首:

"千里修书只为墙,让他三尺又何妨?

万里长城今犹在,不见当年秦始皇。"

家人接信后,主动让出三尺宅基地。邻居见了,深受感动,也在原地界退后三尺砌上围墙。两家的围墙中间形成一条巷子,后人就给这条巷子取名为"三尺巷"。"三尺巷"的宽度,不是三尺而是六尺宽。这个化干戈为玉帛的故事也就流传至今了。

罗威饲犊

汉代罗威,邻居家的牛多次吃了他家的庄稼,他和邻居交涉,邻居不理不睬,罗威并没有火冒三丈,而是想怎样解决牛的饥饿问题。他每天天不亮就起床去打青草,然后悄无声息地堆放在邻居家的牛圈前。牛闻到鲜嫩的青草味,就大嚼大咽起来,吃饱了,牛也就安稳睡觉了,不再去吃罗威的庄稼。邻居每天起来,总看到牛圈前有一堆青草,开始感到很纳闷,后来半夜起来亲眼看到是罗威所为,愧疚万分,从此对自家的牛严加看管。"罗威饲犊"的故事从此传为美谈。

知识探究

邻里关系虽然比不上自己与家人、亲戚的血缘关系,但因共同居住于一个地域,彼此容易产生友情,同时也容易发生摩擦。因此,邻里之间以礼相待显得尤为必要。

(1)礼貌待人,邻里相见要热情打招呼。俗话说"远亲不如近邻",但身处钢筋水泥构筑的繁华都市里的我们,每个人都忙于工作、疲于奔命,让我们身上

少了很多暖意，即使邻里也是不相识的陌生人。其实我们大可以放慢脚步，见到邻里热情打招呼，给自己也给他人一些温暖。

（2）不损人利己，不侵占公用设施。邻里之间的矛盾大都是自私造成的，如果我们都遵守规则，不侵占他人的利益，相处起来会愉快很多。

（3）讲究卫生，污水垃圾不乱泼滥倒。很多人为了贪图便利，经常不把垃圾放到指定位置，搞得楼道臭气熏天，严重影响生活环境和邻里感情。

（4）遵守公德，娱乐、办事不影响他人。公德心应该成为一个人最起码的善良，让自己愉悦的同时不能影响他人，不考虑他人感受会引发矛盾。

（5）通情达理，尊重邻里的习俗和特殊习惯。在与邻里相处的时候，一定要尊重他人的习俗和习惯，不把自己认为"好"的和"对"的强加给他人。否则，有时候好心反而会办坏事。

（6）互相关心，邻里有困难，上门探问、帮助。共同生活在相邻的地域，抬头不见低头见，不是亲人胜似亲人。邻里间要经常来往、真诚关心，若邻里有困难要及时主动地提供帮助。

（7）宽容大度，息事宁人，邻里间有矛盾要责己宽人，要学会大事化小、小事化了，大家都有好心情。俗话说"一个巴掌拍不响"，先从自己身上找问题，不要一味责怪他人。宽恕是一种人生智慧。

（8）团结友爱，不在左邻右舍间拨弄是非。对所有邻里一视同仁，真诚交往，不搞小团体，不搬弄是非，不散布破坏团结的言论，只有如此方能得长久安宁。

（9）注意信誉，待人处事决不食言。一旦许诺就要遵守诺言，注意维护自己的形象与信誉。

（10）维护治安，发现坏人及时报告。小区治安，人人有责。一旦发现危害社会治安的不和谐因素就要及时向公安机关举报，共建和谐、温馨的居住环境。

实训演练

1. 到邻居家拜访。
2. 讲一讲身边好邻居的故事。
3. 学唱歌曲《左邻右舍》。

左邻右舍

城市里的高楼越来越多
人们之间越来越缺少联络
是周围的环境改变了你我
还是我们自己相互封锁
功名利禄虽然让人诱惑
但是人间真情更能暖心窝
远亲不如近邻这句话没错
别让道道围墙把你我阻隔

我的那个左邻右舍
吃过晚饭来我这坐坐
大家整天忙着工作
很少把家常话儿说
我的那个左邻右舍
有什么困难尽管对我说
大家都在一起住着
相处好了都快乐

模块五　社交基础礼仪

学习目标

一、知识目标

了解古代见面和交流的礼仪。

掌握称呼、介绍、握手、名片等见面礼仪和电话礼仪、交谈礼仪的方法技巧与要求。

二、能力目标

能恰当得体地运用见面礼仪和电话礼仪、交谈礼仪。

面对不同交往对象能大方得体地交流、交往。

三、素质目标

树立"礼尚往来"的意识。

敢于、乐于沟通交流。

礼仪与国学

情景导入

镜头一：

大学毕业生李强通过8年努力，成为了一家公司的经理。这天，他陪同公司周董事长去参加一个产品洽谈会。刚进门，意外地发现迎接他们的是自己的高中同学杨洪。他正想打招呼，对方已经亲热地招呼他了："狗蛋儿，好久不见了啊！"李强感到很尴尬，一旁的董事长皱了皱眉头。你知道问题出在哪里吗？

镜头二：

张莉是个开朗活泼的姑娘，人缘很好。在她的23岁生日晚会这天，来了不少朋友为她庆贺。她正在开心地和好朋友赵娟交谈，过来一位男士向她打招呼。于是，张莉给二人作了相互介绍。这时男士主动伸出手，非常热情地要与赵娟握手。赵娟迟疑了一下，但还是礼貌地与男士握了手。你知道男士的做法有什么不妥吗？

任务一　称呼礼仪

国学小资料

中国是历史悠久的礼仪之邦，汉语中有许多流传下来的敬辞、谦辞。敬辞，即表示对别人敬重的词语；谦辞，则是用于自我表示谦恭的词语。其中相当一部分是敬称和谦称。准确使用敬辞和谦辞不仅是礼仪的需要，还可体现一个人的文化修养。

一、敬称

敬称又叫尊称，是表示尊敬对方的称谓。

"令"字一族。用于称对方的亲属或有关系的人。如令尊：尊称对方的父亲；令堂：尊称对方的母亲；令郎：尊称对方的儿子；令爱、令媛：尊称对方的女儿；令兄：尊称对方的兄长；令弟：尊称对方的弟弟；令侄：尊称对方的侄子。

"大"字一族。尊称对方或称与对方有关的事物。如大伯：除了指伯父外，也可尊称年长的男人；大哥：可尊称与自己年龄相仿的男人；大姐：可尊称女性朋友或熟人；大妈、大娘：尊称年长的妇女；大爷：尊称年长的男子；大人（多用于书信）：称长辈；大驾：称对方；大师傅：尊称和尚；大名：称对方的名字；大庆：称老年人的寿辰；大作：称对方的著作；大札：称对方的书信。

"贵"字一族。尊称与对方有关的事物。如贵干：问人要做什么；贵庚：问人年龄；贵姓：问人姓；贵恙：称对方的病；贵子：称对方的儿子（含祝福之意）；贵国：称对方国家；贵校：称对方学校。

"老"字一族。用来尊称别人，有时特指老年人。如老伯、老大爷、老太爷：可尊称老年男子；老前辈：尊称同行里年纪较大、资格较老、经验较丰富的人；老兄：尊称男性朋友；老总：尊称一些企事业第一把手。

"贤"字一族。用于平辈或晚辈。如贤弟：称比自己年龄小的男性；贤侄：对侄辈年轻人的美称。

"高"字一族。称别人的事物。如高见：高明的见解；高就：指人离开原来的职位就任较高的职位；高龄：称老人（多指六十岁以上）的年龄；高寿：用于问老人的年龄；高足：称呼别人的学生；高论：称别人的言论。

"玉"字一族。用于对方身体或行动。如玉体：称对方身体；玉音（多用于书信）：尊称对方的书信、言辞；玉照：称对方的照片；玉成：成全。

"芳"字一族。用于对方或与对方有关的事物（多用于年轻女子）。如芳龄：称对方的年龄；芳名：称对方的名字。

二、谦称

谦称是对自己以及与己方有关的人与事的谦逊的自称。

"家"字一族。用于对别人称自己的辈分高或年纪大的亲戚。如家父、家尊、家严、家君：称父亲；家母、家慈：称母亲；家兄：称兄长；家姐：称姐姐；家叔：称叔叔。

"舍"字一族。用于对别人称自己的辈分低或年纪小的亲戚。如舍弟：称弟弟；舍妹：称妹妹；舍侄：称侄子；舍亲：称亲戚。

"小"字一族。谦称自己或与自己有关的人或事物。如小弟：男性在朋友或熟人之间谦称自己；小儿：谦称自己的儿子；小女：谦称自己的女儿；小人：地位低的人自称；小生（多见于早期白话）：青年读书人自称；小可（多见于早期白话）：谦称自己；小店：谦称自己的商店。

"老"字一族。用于谦称自己或与自己有关的事物。如老粗：谦称自己没有文化；老朽：老年人谦称自己；老脸：年老人指自己的面子；老身：老年妇女谦称自己。

"愚"字一族。用于自称的谦称。如愚兄：向比自己年轻的人称自己；愚见：称自己的见解。也可单独用"愚"谦称自己。

"拙"字一族。用于对别人称自己的东西。如拙笔：谦称自己的文字或书画；拙著、拙作：谦称自己的文章；拙见：谦称自己的见解。

"敝"字一族。用于谦称自己或跟自己有关的事物。如敝人：谦称自己；敝姓：谦称自己的姓；敝处：谦称自己的房屋、处所；敝校：谦称自己所在的学校。

"鄙"字一族。用于谦称自己或跟自己有关的事物。如鄙人：谦称自己；鄙意：谦称自己的意见；鄙见：谦称自己的见解。

寒舍：谦称自己的家；犬子：称自己的儿子。

三、讳称

在我国古代称谓中，有一种独特的现象，就是为了尊重别人而用避讳的方法改变原有的称谓而形成一种新的称谓。

避讳之俗，最早见于春秋时的鲁国，但在整个先秦时期发展很慢。秦统一六国之后，避讳逐步被推广开来。从秦汉到唐宋，避讳的总趋势是愈来愈严，在宋代达到极盛。元代大幅度降温，明清时也讲避讳，但比较宽松。

避讳的方式很多，大致可以归纳为三种：改字法、空字省字法、缺笔法。

（1）改字法，以同音字、同义字、近音字、近义字来代替应避讳之字，这是最常用的方法。秦始皇统一中国后，第一次在全国正式实行统一的避讳。秦始皇名"政"，全国不得用"政"及其同音字。正月或改称"端月"，或改读音为"征"，这种读正月之"正"音为"征"的习俗，一直保持了下来。

（2）空字省字法，在书写中遇到应避讳之字时，或空一格，或画一个方框，或干脆将此字省去。这种省字法用于人名，就成为一种讳称，极易使人产生误解，如杜佑《通典》卷中有这样的话："大唐武德中，太宗围王充于东都"。这个"王充"，本指隋末唐初赫赫有名的王世充。唐代避太宗李世民之讳，唐高宗李治改"民部尚书"为"户部尚书"，是为了避李世民的"民"字讳。

（3）缺笔法，就是在写字刻书时遇到应避讳之字，不改不空，而将该字少写一笔两笔，表示自己并未直书该字，但又不影响读者对文义的理解。

古人对"死"也有许多讳称，主要的有以下几种。

（1）天子、太后、公卿王侯之死称：薨、崩、百岁、千秋、晏驾、山陵崩等。

（2）父母之死称：见背、孤露、弃养等。

（3）佛道徒之死称：涅槃、圆寂、坐化、羽化、仙游、仙逝等。"仙逝"现也用于称受人尊敬的人物之死。

（4）一般人的死称：亡故、长眠、长逝、过世、谢世、寿终、殒命、捐生、就木、溘逝、老、故、逝、终等。

知识探究

人们之间打交道，称呼对方是必不可少的。称呼看似简单，但实际却蕴藏着很大的学问和智慧。一不小心，很容易闹笑话，甚至造成不良后果。

在我们的日常交往中，尤其是正式场合，我们称呼对方最应该把握的一条原则就是称呼别人多用敬语，称呼自己或者家人则常用谦称。在公务商务交往中，应注意称呼就高不就低。例如对方是办公室副主任，在称呼时可以叫他"张主任"而不必称张副主任，这就是"就高不就低"。又如学生尊称自己的导师为老师，这是很自然的，而同行之间即便不是师生关系也可以互称老师。

此外，还应根据不同场合选择恰当的称呼。生活中的称呼应当亲切、自然、准确、合理，在工作中或正式场合，则要求庄重、正式、规范。还要注意入乡随俗。

一、称呼的种类

1. 姓名类

如张志强、红梅、小杨、老赵等。一般用于生活中，或非正式场合对同事等。

2. 泛称类

如女士、小姐、先生、小妹、大姐、大哥、大爷等。女士、小姐、先生常用于社交和公务商务场合，其他称呼多用于生活中。

3. 职称类（适用于中高级职称人员）

如李教授、陈工（即陈工程师），多用于工作中。

4. 职务类

直接称呼职务或者姓氏+职务：董事长、赵经理、张院长、孙林主任（姓名加职务用于很正式的场合）。

5. 职业类

如王老师、肖律师、韩会计等。

6. 称对方

主要有你、您。其中，相交不深或初次见面，以及对上级、长辈、客人或平辈间表示尊敬通常用"您"。

二、称呼的禁忌

1. 错误的称呼

如说错对方信息，包括姓名、职务等。

2. 不通用的称呼

如伙计、师傅。

3. 俗气的称呼

如正式场合称对方哥们儿、姐们儿。

4. 绰号

正式场合不能称呼别人的绰号，一来显得不够庄重，二来绰号有的是根据长相、外貌起的，有的是根据名字的谐音起的，有的是根据影视剧里的人物起的，很多都具有侮辱、讽刺别人的意味，这样就会给别人带来伤害。

5. 易被误解的称呼

如某些场合称呼年轻女性为"小姐"。

实训演练

1. 本章开头情景导入镜头一中的杨洪犯了什么错误？
2. 模拟生活和工作场合，设置不同的角色，练习正确的称呼。

任务二 介绍礼仪

国学小资料

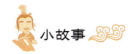 小故事

荀鸣鹤、陆士龙二人未相识，俱会张茂先坐。张令共语。以其并有大才，可勿作常语。陆举手曰："云间陆士龙。"荀答曰："日下荀鸣鹤。"

——《世说新语·排调》

三家归晋后，南方的知识分子纷纷到朝廷（在北方）游历做官。南方名士陆云（字士龙）与北方名士荀鹤（字鸣鹤）两人互不相识，在张华（字茂先，任过中书令）家中会面。张华让他俩聊聊，因为两人都有突出的才学，张华要他们别说平常的俗话。于是陆士龙拱手自我介绍："我是云间的陆士龙。"荀鸣鹤应声而答："我是日下的荀鸣鹤。"

西晋两位名人陆云和荀隐初次会面时的"脱口秀"，是一副艺术性颇高的人名对。士龙、鸣鹤分别是二人的表字，构成了天然的对偶。因为风从虎，云从

龙，所以才思敏捷的陆士龙自称"云间陆士龙"。荀隐是洛阳人，洛阳是西晋都城。《辞源》："封建社会以帝王比日，因以皇帝所在之地为日下。"故荀隐自称"日下荀鸣鹤"。陆云是松江（今上海）人，因为这一副"对联"，后来上海得到一个雅称"云间"。也因为这副对联的有名，以"云间"对"日下"，成为诗家常用的骈语。《滕王阁序》里：望长安于日下，指吴会于云间，用的就是这个典故。

清李渔《笠翁对韵》："名动帝畿，西蜀三苏来日下；壮游京洛，东吴二陆起云间。"

知识探究

平时在工作与生活中，与别人见面时，离不开相互介绍，而介绍是需要礼仪的。介绍时必须离开座位，站立进行。作介绍要注意顺序，"尊者先了解，对方先介绍"，也就是说让尊者优先了解对方的情况，对方先作介绍或者先被介绍。而哪一方是尊者，应根据不同场合按照不同的标准来确定。社交场合，可依据性别（女士为尊）、长幼（长者为尊）、辈分（辈分高者为尊）、婚否（已婚为尊）、师生（老师为尊）、到达顺序（先到为尊）来确定；而公务、商务场合则以身份、地位高者为尊；主人与客人间，客为尊。

介绍一般可分为三种，即介绍自己、介绍他人、介绍集体。

一、介绍自己

恰当地自我介绍，不但能增进他人对自己的了解，而且还能创造出意料之外的商机。进行自我介绍，时间要简短，在正式场合往往和名片结合使用，先递名片，再做介绍。

自我介绍一般有以下三种模式。

寒暄式。也叫应酬式，不想深交，只报姓名。

公务式。比较正式，通常应具备四要素——姓名、单位、部门、职务。具体工作部门有时可以暂不报出。有职务最好报出职务，职务较低或者无职务，则可报出目前所从事的具体工作。如："我叫张刚，是天地通讯公司的客户经理。""我叫李云，在宏达商贸公司做客户接待工作。"

社交式。希望进一步交往，可介绍多一些，如姓名、职业、籍贯、老家、爱好、双方共同认识的人等。

二、介绍他人

1. 介绍人的选择

一般而言，家中待客，女主人就是介绍人；单位接待客人，一般是专职人员，如公关人员、文秘等担当介绍人；如果来了重要客人，应由本单位的最高领导担任介绍人，表示对重要客人的尊重。

2. 介绍他人的先后顺序

介绍上级与下级认识时，先介绍下级，后介绍上级。

介绍长辈与晚辈认识时，应先介绍晚辈，后介绍长辈。

介绍年长者与年幼者认识时，应先介绍年幼者，后介绍年长者。

介绍女士与男士认识时，应先介绍男士，后介绍女士。

介绍已婚者与未婚者认识时，应先介绍未婚者，后介绍已婚者。

介绍同事、朋友与家人认识时，应先介绍家人，后介绍同事、朋友。

介绍来宾与主人认识时，应先介绍主人，后介绍来宾。

介绍与会先到者与后来者认识时，应先介绍后来者，后介绍先到者。

三、介绍集体

介绍集体，是指被介绍一方或双方不止一人的情况。其基本规则是：介绍双方时，同样是尊者先了解，对方先被介绍，即后介绍尊者。确定尊者可以从双方关系、规模、实力大小（规模、实力大者为尊）、到场人数多少（人数多的一方为尊）等来判定。

要注意的是，在介绍其中各自一方内部的成员时，则应当先介绍尊者。

实训演练

模拟练习、演示不同场合的自我介绍、介绍他人、介绍集体。

任务三　握手礼仪

国学小资料

我国是礼仪之邦，古代人们相互见面时有多种礼节。

揖：拱手行礼，是为揖。这是古代宾主相见的最常见的礼节。揖让之礼分为三种：一是专用于没有婚姻关系的异姓，行礼时推手微向下；二是专用于有婚姻关系的异姓，行礼时推手平而致于前；三是专用于同姓宾客，行礼时推手微向上。

长揖：这是古代不分尊卑的相见礼，拱手高举，自上而下。

拱：古代的一种相见礼，两手在胸前相合表示敬意。如"子路拱而立"（《论语》）。

拜：古代表示恭敬的一种礼节。古之拜，只是拱手弯腰而已，两手在胸前合抱，头向前俯，额触双手，如同揖。后来亦指将屈膝顿首、两手着地或叩头及地称为"拜"。如《鸿门宴》中的"哙拜谢，起，立而饮之"，这儿的"拜"应是这种跪拜礼。

拜手：古代的一种跪拜礼。行礼时，跪下，两手拱合到地，头靠在手上。《周礼》中作"空首"，也作"拜首"。

再拜：拜两次为再拜，表示礼节之隆重。如"谨使臣良奉白璧一双，再拜献大王足下"（《鸿门宴》）。过去书信末尾也常用"再拜"以表示敬意。

顿首：跪而头叩地为顿首。"顿"是稍停的意思。行礼时，头碰地即起，因其头接触地面时间短暂，故称顿首。通常用于下对上及平辈间的敬礼。如官僚间的拜迎、拜送，民间的拜贺、拜望、拜别等。也常用于书信中的末尾，表致敬。如"……丘迟顿首"（《与陈伯之书》）。

稽首：古代的一种跪拜礼。跪而头触地作较长时间停留为稽首。"稽"是停留拖延的意思。行礼时，施礼者屈膝跪地，左手按右手，拱手于地，头也缓缓至于地，手在膝前，头在手后。头在地必须停留一段时间。稽首是最重的礼节，常为臣子拜见君王时所用。如"孟明稽首曰：'君之惠，不以累臣衅鼓，使归就戮于秦。'"（《殽之战》）。

随着社会的发展，古人的这些礼节在今天已经发生了很大的变化。

知识探究

握手，是当今见面时最常见的礼节。行握手礼是一个并不复杂却十分微妙的问题。因为不懂握手的规则而遭遇尴尬的场面是谁也不愿意遇到的。作为一个细节性的礼仪动作，做得不好，会带来负面效果。

一、伸手的顺序

尊者先伸手。在正式的公务商务场合，握手时伸手的先后次序主要取决于职位、身份。在社交、休闲场合，则主要取决于年纪、辈分、性别、婚否。

1. 公务商务场合

职位、身份高者与职位、身份低者握手，应由职位、身份高者首先伸出手来。

2. 社交、休闲场合

女士与男士握手，应由女士首先伸出手来。

已婚者与未婚者握手，应由已婚者首先伸出手来。

年长者与年幼者握手，应由年长者首先伸出手来。

长辈与晚辈握手，应由长辈首先伸出手来。

先到者与后来者握手，应由先到者首先伸出手来。

3. 主客间

迎客时主人应先伸出手来，与到访的客人相握，以示欢迎。

客人告辞时，客人应首先伸出手来与主人相握。

二、握手的姿势

站立（餐桌等可坐着）距对方约一步远，上身稍前倾，伸出右手，四指并拢，指尖稍下斜。双方手掌相握，虎口相交。掌握好力度与时间，可上下摇晃几次，持续3～5秒钟，可稍用点劲，表示热情友善，但不能太用力，也不可太软；还应该有适当的表情和问候，先打招呼再握手，微笑注视对方的眼睛同时问候。

三、与多人握手

先握尊者，或由近而远，顺时针方向前进（在社交场合尤其宴会桌上实行）。

四、握手的禁忌

握手时，另外一只手不要拿着报纸、公文包等东西不放，也不要插在衣袋里。

不要在握手时争先恐后，应当依照顺序依次而行。

不要戴着手套与人握手。

除患有眼疾或眼部有缺陷者外，不允许握手时戴着墨镜。

不要拒绝与他人握手，也不要用左手与他人握手，不要用双手与异性握手。

握手时不要把对方的手拉过来、推过去，或者上下左右抖个不停。

握手时不要长篇大论、点头哈腰、滥用热情，显得过分客套。

握手时不要仅仅握住对方的手指尖，也不要只递给对方一截冷冰冰的手指尖。

不要用脏手与他人相握，也不能在与他人握手之后，立即揩拭自己的手掌。

不要两人握手时与另外两人相握的手形成交叉状，尤其与基督教徒交往时，这种形状类似十字架，在他们看来是很不吉利的。

实训演练

1. 情景导入中的镜头二，男士犯了什么错误？赵娟做得恰当吗？
2. 模拟不同场合不同身份人员的握手。

任务四 名片礼仪

国学小资料

名片，是现代日常交往的重要媒介。

在我国，名片至少在秦末汉初就已出现了。《史记·高祖本纪》记载，刘邦在沛县当亭长时，有一次和朋友一起到吕公家去贺喜，因为没有带钱而不得上堂入座，便假装"为谒曰：'贺钱万'，实不持一钱。谒入，吕公大惊，起，迎之门。"《释名》曰："谒，诣也；诣，告也。书其姓名于上，以告所至诣者也。"这"谒"就是最早的名片了。所谓"谒"，就是拜访者把姓名、籍贯、官爵和其他介绍文字刺在竹片或木片上。

谒是下级对上级、晚辈对尊长通名时用的名片，平时在亲朋同僚之间使用的是一种比较简易的名片，叫做"刺"（札）。刺的出现比谒略晚，但至少到东汉时也已十分流行了。由于刺比谒更轻巧、灵便、实用，在使用的过程中，刺逐渐取代了谒。隋唐以后，纸张普及了，名刺不再使用竹木片，而改用纸来书写了。于是，它的名称也就逐渐改称为"帖"了。在古代中国，官员、商贾、文人相互拜访时喜欢呈递名刺（名片），叫做"投刺"之礼，此风气在明清时期最为鼎盛。清朝才正式有"名片"称呼。清朝是中国封建社会的终结，由于西方的不断入侵，我国与外界交往增加了，和国外的通商也加快了名片普及。清朝的名片，开始向小型化发展，特别是在官场，官小使用较大的名片以示谦恭，官大使用较小的名片以示地位。民国时期，中国开始与西方进行大量商业交往，西方的名片也随之带入中国，中国人的名片也摆脱了用笔书写的旧形式而采用印刷的方式。

知识探究

现代社会，人们越来越注重名片的使用。联系业务、结交朋友，互留名片往往成为初次相识时不可缺少的程序。然而在人际交往中，这些小小的卡片却往往会使人们不知所措，该如何索要名片？交换名片时，又该注意些什么？

一、递名片

1. 递名片的顺序

由哪一方先递名片呢？恰当的做法是：先低后高（尊者）、先客后主。

2. 递名片的方法

双手（或右手）捏住名片的两个或一个角递给对方，勿用食指和中指夹着名片给人，也不能单用左手。双手食指和拇指执名片的两角，以文字正向对方，一边自我介绍，一边递过名片。注意使用称呼问候敬语："认识您真高兴""请多指教"等。

3. 分发给多人

先递交给尊者，或按由近而远的顺序，在圆桌上可按顺时针为序。

二、接名片

对方递过来的名片应该双手接过，以示尊重和礼节。浏览内容，可轻声念出对方名字，将名片放在专用名片夹或其他不易折的地方，不能扔在一边，或者随意放在衣兜里，更不能放在裤子荷包中。收好名片后回赠对方名片。

三、索取名片的方法

索取名片不宜过于直截了当，尤其是面对尊者。其可行之法有四：其一，交易法；其二，谦恭法；其三，激将法；其四，联络法。

1. 交易法

把自己的名片先递给对方。所谓"来而不往，非礼也"，当你把名片递给对方时，对方不回赠名片是失礼的行为，所以对方一般会回赠名片给你。

2. 谦恭法

在索取对方名片之前稍作铺垫，以便索取名片。比如见到一位计算机专家你可以说："认识您非常高兴，虽然我玩电脑已经四五年了，但是与您这种专业人士相比相形见绌，希望以后有机会能够继续向您请教，不知道以后如何向您请教比较方便？"谦恭法一般是对地位高的人。

3. 激将法

有时候遇到的交往对象地位身份比自己高，或者身为异性，难免有提防之心。这种情况下把名片递给对方，对方很有可能不会回赠名片。遇到这一情况，不妨在把名片递给对方的时候，略加诠释，如"李总，认识您非常高兴，不知道能不能有幸跟您交换一下名片"。在这种情况下，对方就不至于不回赠名片给你。即便他真的不想给你他也会找到适当的借口不至于使你很尴尬。

4. 联络法

面对平辈和晚辈时，可采用联络法。如："认识您太高兴了，希望以后有机会能跟您保持联络，不知道怎么跟您联络比较方便？"

实训演练

分组练习演示不同角色间的递接名片。

任务五　交谈礼仪

国学小资料

古人交谈礼仪

古人在相互交谈时，极重视礼节，尤其是重视仪表的庄重，不允许有轻浮、放荡的不文明举止。即使是笑，也以不露齿为宜。尽管在交谈中会谈及一些令人捧腹大笑的话题，但笑仍需节制。这既是出于礼节的需要，也表现了一个人的文明素养。

在交谈中，表现对对方的尊敬和自己的谦逊，也是古人特别重视的一种礼节。在对方讲话时，自己要专心致志、洗耳恭听，不能漫不经心，更不能打断别人的讲话。自己讲话时，眼睛应注视对方，语调平缓，不能强词夺理，摆出一副盛气凌人的架势。具体到交谈的礼节乃至谈话的艺术上，古人都有相应的规定。

面见尊长者，应"请见不请退"。即对尊长者可以请求会面，但谈话结束后，不要马上请求离去，要等到尊长者示意后，再告辞。

在与尊长者交谈时，"尊长于己逾等，不敢问其年。"即与辈分比自己高的老人交谈时，不要询问他的年龄。"侍坐弗使，不执琴瑟，不画地，手无容，不翣也。"在陪同尊长者谈话时，如果没有尊长者的旨意，自己不能弹奏琴、瑟等乐器；不能自作聪明地为尊长者出谋划策，对他指手画脚；更不能像扇扇子一样的摇手，以示反对尊长者的意见。

在谈话时，还应注意尊长者的举动。一旦对方出现困倦的举止时，就应结束交谈，让尊长者休息。"侍坐于君子，君子欠伸，运笏，泽剑首，还屦（jù，古代用麻、葛等制成的一种鞋），问日之蚤莫。虽请可退也。"如果在谈话中，尊长者打哈欠、伸懒腰，或手中摆弄笏版、摩拭剑柄，或转动鞋履，或询问时间早晚……这些举止都是对方困倦或不耐烦的表示。见到这种举止，自己就应该告辞、请退了。

在与他人的谈话中，"不窥秘，不旁狎，不道旧故，不戏色。"即不要窥探对方的隐私，也不能相互取笑逗闹。谈话时，不要总絮叨以往的旧事，神情应庄重、严肃。

知识探究

交谈是人们进行交往的重要方式。人们在办公场所交换工作意见，在花前月下交流思想感情，在汽车、火车上传递各地信息……可以说，人际交往离不开交谈。善于交谈者，常能得心应手，如愿以偿；若交谈不得法，则有可能"碰钉子"甚至坏事。因此，为了使交谈获得最佳效果，应掌握交谈技巧，重视交谈礼仪。

一、习惯使用文明用语

（一）基本文明用语

问候语——你好，您好。

请求语——请。需要别人帮助、理解、支持、配合要先说请。

致谢语——谢谢。别人帮助、理解、支持自己之后要说声谢谢（特别是收费性服务的岗位）。

抱歉语——对不起。怠慢了别人，伤害了别人，为别人平添了麻烦要说声抱歉或者对不起，这是一种教养，礼多人不怪。

道别语——再见。

（二）常见敬辞

"拜"字一族。用于自己的行为动作涉及对方。如拜读：指阅读对方的文章；拜辞：指告辞对方；拜访：指访问对方；拜服：指佩服对方；拜贺：指祝贺对方；拜识：指结识对方；拜托：指托对方办事情；拜望：指探望对方。

"奉"字一族。用于自己的动作涉及对方时。如奉达（多用于书信）：告诉，表达；奉复（多用于书信）：回复；奉告：告诉；奉还：归还；奉陪：陪伴；奉劝：劝告；奉送、奉赠：赠送。

"惠"字一族。用于对方对待自己的行为动作。如惠存（多用于送人相片、书籍等纪念品时所题的上款）：请保存；惠临：指对方到自己这里来；惠顾（多用于商店对顾客）：来临；惠允：指对方允许自己（做某事）；惠赠：指对方赠予自己物品。

"恭"字一族。表示恭敬地对待对方。如恭贺：恭敬地祝贺；恭候：恭敬地等候；恭请：恭敬地邀请；恭迎：恭敬地迎接；恭喜：祝贺对方的喜事。

"垂"字一族。用于别人（多是长辈或上级）对自己的行动。如垂爱（多用于书信）：称对方对自己的爱护；垂青：称别人对自己的重视；垂问、垂询：称别人对自己的询问；垂念：称别人对自己的思念。

"敬"字一族。用于自己的行动涉及别人。如敬告：告诉；敬贺：祝贺；敬候：等候；敬礼（用于书信结尾）：表示恭敬；敬请：请；敬佩：敬重佩服；敬谢不敏：表示推辞做某件事。

"请"字一族。用于希望对方做某事。如请问：用于请求对方回答问题；请坐：请对方坐下；请进：请对方进来。

"屈"字一族。如屈驾（多用于邀请人）：委屈大驾；屈就（多用于请人担任职务）：委屈就任；屈居：委屈地处于（较低的地位）；屈尊：降低身份俯就。

"光"字一族。用于对方来临。如光顾（多用于商家欢迎顾客）：称客人来到；光临：称宾客到来。

"俯"字一族。公文书信中用来称对方对自己的行动。如俯察：称对方或上级对自己理解；俯就：用于请对方同意担任职务；俯念：称对方或上级体念；俯允：称对方或上级允许。

"华"字一族。称对方的有关事物。如华诞：称对方生日；华堂：称对方的房屋；华翰：称对方的书信；华宗：称人同姓。

"雅"字一族。用于称对方的情意或举动。如雅教：称对方的指教；雅意：称对方的情意或意见；雅正（把自己的诗文书画等送给人时）：指正批评。

"叨"字一族。如叨光（受到好处，表示感谢）：沾光；叨教（受到指教，表示感谢）：领教；叨扰（受到款待，表示感谢）：打扰。

此外还有如下常见敬辞。

鼎力（用于请托或感谢）：大力；足下：称对方；包涵：请人原谅；斧正：请人改文章；留步（用于主人送客时客人请主人不要送）：止步；笑纳（用于请对方收下礼物）：请接纳收下；府上：称对方房屋；指正（用于请人批评自己的作品或意见）：指出错误，使之改正；赐教：给予指教；久仰（多用于初次见面）：仰慕已久；璧还：归还物品，等等。

（三）常见谦辞

"敢"字一族。表示冒昧地请求别人。如敢问：用于问对方问题；敢请：用于请求对方做某事；敢烦：用于麻烦对方做某事。

"窃"字一族。表示自己的行为。如"窃闻""窃以为"表示是自己"私下听说，私下认为"。

二、交谈礼仪

1. 态度要真诚

与人交谈时，首先要做到态度诚恳、谦虚。真诚是交流成功的前提，谦虚是赢得好感的利器。

2. 注意谈话内容和语言

谈话内容要简明扼要，语言表达要准确、精练、通俗易懂，便于对方理解。

3. 注意眼神的交流

两个人面对面交谈时，双方目光应是自然、柔和、友善的，而不要目光直直地紧盯着对方，使对方感到不自然。与长辈、领导交谈时，心灵之窗——眼睛，流露出尊敬的神情；与同事、朋友交谈时，目光应流露出友好的神情；与爱人交谈时，目光充满温情；与不幸者交谈时，则流露出同情的目光。

4. 保持适当的距离

双方既不要相距太远，给对方以冷落感；也不要靠得太近，使对方有压抑感。可酌情调整距离，以便双方自由自在地交谈。一般说来，与陌生人交谈时，两人的间距为1米左右；与熟人交谈时，相距0.8米左右；与亲友交谈时，距离0.5米左右，有时还可以更近些，甚至亲密无间地"交头接耳"。

5. 区别对象

与不同类型的人交谈时，交谈话题、用语、风格要有所区别。例如，与股民聊股市行情，对方会兴趣盎然；与球迷谈足球大赛，对方会眉飞色舞；与农民朋友唠家常，不必讲文绉绉的话；同文化界人士聊天，不要使用俗气的语言；与性格豪爽者谈话，不妨畅所欲言，直来直去；和作风稳健者交谈，注意遣词造句，力求言简意赅。

6. 适度的肢体语言

与人交谈时，根据需要可以借助一些肢体动作增强感染力。但手势的幅度不宜过大，切忌对别人指手画脚，以免引起误会。此外，与长辈、师长、上级交谈时，不要把手背在身后或插在口袋里，也不要做一些不必要的小动作，如摆弄衣角、甩头发等。

三、掌握语言表达技巧

（1）谈论双方感兴趣的话题。

（2）细语柔声。吐字清晰，必要时要讲普通话。避免粗声大嗓，有理不在声高，尤其公众场合。

（3）善于互动，良性反馈。酒逢知己千杯少，话不投机半句多。

（4）注意句式语气的选择。多陈述、慎否定，少质疑、不命令。

（5）掌握分寸，忌信口开河。

（6）善于欣赏和赞美他人，不要贬低或中伤他人。交谈中可以真诚地赞美他人，但要注意，赞美，一是要本着友善的态度，善于发现他人的优点，不能为了赞美而赞美；二是真诚的赞美，不是虚伪的奉承，要恰如其分，不要言过其实，更不能颠倒是非。

四、注意谈话的禁忌

1. 社交活动"六不谈"

（1）不得非议党和政府　不能非议国家、党和政府，在思想上、行动上应与党和政府保持一致。爱国守法是每个公民的义务。

（2）不可涉及国家秘密与商业秘密　我国有国家安全法、国家保密法，涉及泄密的内容是不能谈论的。因此，在商务谈话中不能涉及国家秘密与商业秘密。

（3）不得非议交往对象　不要随便挑剔别人的不是，如果不是大是大非的问题，不能当面使对方出丑、尴尬、露怯、难以下台。

（4）不得背后议论领导、同事与同行　在背后或外人面前议论自己的领导、同行、同事的不是，会让别人对你的人格、信誉产生怀疑。

（5）不得涉及格调不高之事　格调不高的话题包括家长里短、小道消息、男女关系、黄色段子等。会使别人觉得素质不高，有失教养。

（6）不得涉及个人隐私之事　关心别人值得提倡，但是关心应有度，尊重隐私，隐私问题不能随便议论。与外人交谈时，尤其是与外国人交谈时，应回避个人隐私。注意个人隐私五不问——收入、年龄、婚姻家庭、健康问题、个人经历。

2. 交谈四忌

（1）恶语伤人　良言一句三冬暖，恶语伤人六月寒。与对方交谈的过程中，有时难免会产生分歧，但是无论双方分歧有多大，都要记住尊重对方，对其表示重视和友善，切勿恶语伤人。

（2）表情举止不当　眼神闪烁不定，手放在裤兜；近距离正面接触时双臂交叉等。

（3）三心二意　与人谈话时，东张西望，心不在焉，玩弄物品或者老看手表。对对方不重视，是一种极不礼貌的行为。谈话时要注意在方式、方法、表情、语言、内容等方面与交谈对象进行必要的互动。如果对方与你面谈时，你面含微笑、点头致意，表示若有所思，对方感觉一定很好。

（4）大声喧哗　不要大声喧哗，说话声音低一点，说话速度慢一点，以便对方能够理解和听懂。低一点、慢一点是交谈时尊重对方的重要要求。

实训演练

对照交谈礼仪，找出自己平时与人交谈中的不足，在今后有意识地加以改善。

任务六　电话礼仪

国学小资料

中国古代没有电话，人们在生活与生产中创造出多种传递信息的方式，如：击鼓传声、徒步送信、烽火狼烟传递军情、用驿站骑马传递文书、飞鸽传信、风筝报信、鱼传尺素、鸿雁传书、黄耳传书等方式。

1. 鱼传尺素

在我国古诗文中，鱼被看作传递书信的使者，并用"鱼素""鱼书""鲤鱼""双鲤"等作为书信的代称。

秦汉时期，有一部乐府诗集叫《饮马长城窟行》，主要记载了因秦始皇修长城，强征大量男丁服役而造成的妻离子散，且多为妻子思念丈夫的离情，其中有一首五言写道："客从远方来，遗我双鲤鱼；呼儿烹鲤鱼，中有尺素书。长跪读素书，书中竟何如？上言长相思，下言加餐饭。"这首诗中的"双鲤鱼"，不是真的指两条鲤鱼，而是指用两块板拼起来的一条木刻鲤鱼。在东汉蔡伦发明造纸术之前，没有现在的信封，写有书信的竹简、木牍或尺素是夹在两块木板里的，而这两块木板被刻成了鲤鱼的形状，便成了诗中的"双鲤鱼"了。至于诗中所用的"烹"字，也不是去真正去"烹饪"，而只是一个风趣的用字罢了。

唐代李商隐在《寄令狐郎中》一诗中写道："嵩云秦树久离居，双鲤迢迢一纸书。"古时候，人们常用绢帛书写书信，到了唐代，进一步流行用绢帛来写信，由于唐人常用一尺长的绢帛写信，故书信又被称为"尺素"（"素"指白色的生绢）。因捎带书信时，人们常将尺素结成双鲤之形，所以就有了李商隐"双鲤迢迢一纸书"的说法。显然，这里的"双鲤"并非真正的两条鲤鱼，而只是结成双鲤之形的尺素罢了。

2. 鸿雁传书

《汉书·苏武传》中有"苏武牧羊"的故事。昭帝即位，数年，匈奴与汉和亲。汉求武等，匈奴诡言武死。后汉使复至匈奴，常惠请其守者与俱，得夜见汉使，具自陈道。教使者谓单于，言天子射上林中，得雁，足有系帛书，言武等在某泽中。使者大喜，如惠语以让单于。单于视左右而惊，谢汉使曰："武等实在。"……单于召会武官属，前已降及物故，凡随武还者九人。

汉武帝天汉元年（公元前100年），汉朝使臣中郎将苏武出使匈奴被匈奴单于扣留，他英勇不屈，被流放到北海（今贝加尔湖）无人区牧羊。19年后，汉昭帝继位，汉匈和好，结为姻亲。汉朝使节来匈奴，要求放苏武回去，但单于不肯，却又说不出口，便谎称苏武已经死去。后来，汉昭帝又派使节到匈奴，和苏武一起出使匈奴并被扣留的副使常惠，通过禁卒的帮助，在一天晚上秘密会见了汉使，把苏武的情况告诉了汉使，并想出一计，让汉使对单于讲："汉朝天子在上林苑打猎时，射到一只大雁，足上系着一封写在帛上的信，上面写着苏武没死，而是在一个大泽中。"汉使听后非常高兴，就按照常惠的话来责备单于。单于听后大为惊奇，却又无法抵赖，只好把苏武及随从者放回。

3. 黄耳传书

《晋书·陆机传》："初机有俊犬，名曰黄耳，甚爱之。既而羁寓京师，久无家问，……机乃为书以竹筒盛之而系其颈，犬寻路南走，遂至其家，得报还洛。其后因以为常。"

宋代尤袤《全唐诗话·僧灵澈》："青蝇为吊客，黄犬寄家书。"苏轼《过新息留示乡人任师中》诗："寄食方将依白足，附书未免烦黄耳。"元代王实普《西厢记》第五本第二折："不闻黄犬音，难得红叶诗，驿长不遇梅花使"。黄耳传书在后代也多次出现。

知识探究

电话方便快捷，功能日趋丰富，已成为现代人必不可少的通讯工具。下面主要说说接打电话的礼仪。

一、拨电话

1. 选择好打电话的时机

公私事务要分清，公事在上班时间打，休息时间和节假日一般不要给别人打公务电话，除非万不得已。午休、晚上10点之后、早上7点之前，没有重大的急事不要打电话，万一有急事打电话，第一句话要表达歉意："抱歉，事关紧急，打搅你了。"就餐的时间别打电话。如果在不宜打电话时需要告知事情，可以用其他的方式如发短信等。

2. 选择好地点，注意场合

私人电话最好在家里打，办公室电话在办公室打。在影剧院，会议中心等公众场所不要打电话，以免噪声干扰别人。

二、接电话

接电话的基本原则是铃响不过三声，就是要及时接听电话。但太快也不好，若铃声刚响就接起来，让对方措手不及。如果是公司电话，往往先问候"您好"或"你好"，然后自我介绍单位、部门等。

三、把握好通话时长

通话时间宜短不宜长，电话礼仪有一个通话三分钟原则，是说通话时间应该控制在三分钟之内。当然这不是绝对的，实际就是长话短说，废话不说，没话别说。我们要做一个办事有效率的人，尊重时间的人。生命是由时间组成的，浪费别人的时间就是浪费人家的生命，所以打电话一定要短。如果是公司企业员工，重要电话列提纲是一个很好的习惯。

四、掌握挂电话的技巧

1. 谁先挂电话

（1）地位高者先挂电话　如果你与董事长通话，不管董事长是男是女，是老是少，下级尊重上级是一种职业规范，此时应该是董事长先挂电话；如果是总公司来电话，不管总公司打电话的人是什么级别，他代表了上级，此时应该是总公司的人先挂电话；如果是客户来电话，应该让客户先挂电话。

（2）被求的一方先挂　如果双方地位相当，被求的一方先挂。

2. 如何暗示对方终止电话

在不宜由自己挂断电话或者不便直接提醒对方的情况下，可总结、重复通话要点，让对方主动挂断电话。

五、拨错电话或突然断线的处理

如果对方拨错电话，要礼貌地告诉对方电话拨错了，展示礼仪和风度。如"先生你好，你拨错电话了"。如果自己拨错了电话，要诚恳致歉，如"不好意思，打扰了"。

电话突然断线，要尽可能及时把电话打回去，打回去先致歉，并告诉对方情况，显示对对方的尊重。

六、如何代接电话

代接电话指固定电话，手机一般不宜替人代接。若被找之人不在，应先告知对方情况。如："你（您）好，××不在。"然后问来者何人，有何事。如："请问你（您）怎么称呼？"再询问是否需要转告。如："有什么可以帮您的吗？"或"有什么需要转达的吗？"

七、手机的使用

1. 安全使用

（1）不用移动电话去传送太过重要的信息，尤其涉及国家或商业机密的内容。

（2）遵守关于安全的若干规定，比如开车的时候不打手机，空中飞行时手机要关机，加油站、病房之内手机不使用等。

（3）一般情况下，不要借用别人的手机，除非是紧急事情，如救命的。外人尤其是陌生人，借用别人手机是不礼貌的。

2. 文明使用

（1）公众场合要养成手机改成震动或者静音甚至关机的习惯。不要在大庭广众之下让手机频频地响起，更不要在人多之处接听电话。

（2）手机短信应发有效的信息、有益的信息，杜绝黄色段子或不恰当的玩笑内容。

（3）如果使用手机拍照，拍别人要征得对方同意，要尊重别人的隐私权。

实训演练

1. 两人或三人一组，模拟打电话和代接电话的情景。
2. 模拟会面情景：电话预约—称呼—握手—介绍—名片—交谈—告辞。

模块六　社交场合礼仪

学习目标

一、知识目标

了解古代交往的礼仪。
熟悉日常交往的礼仪规范。
掌握面对不同对象、不同场合的交流、交往方法、技巧与要求。

二、能力目标

能根据不同场合自觉而恰当地运用社交礼仪。
面对不同交往对象能大方得体地与人交流、交往。

三、素质目标

树立"礼尚往来"的意识。
敢于、乐于沟通交流。

情景导入

镜头一

上海××科技有限公司召开了一次全国客户联络会，公司的张总经理亲自驾车，带着秘书陈小姐到浦东机场迎接来自香港××集团的周总经理。

为了表示对周总的尊敬，张总请周总坐到轿车的后排，并让陈小姐在后排陪同。周总到宾馆入住后，对陈小姐说：明天上午八点的会，我会自己打出租车到现场，就不麻烦你们张总亲自来接了。

周总为什么不愿再坐公司的车了？张总在安排座位上有什么不妥之处？

镜头二

郭晓凡是外贸公司的业务经理，有一次，郭先生设宴招待一位来自英国的生意伙伴。有意思的是，那一顿饭吃下来，令对方最为欣赏的，倒不是郭先生专门为其准备的菜肴，而是郭先生在陪同对方用餐时的细小的举止表现。那位英国客人说："郭先生，你在用餐时一点儿响声都没有，使我感到你的确具有良好的教养。"

任务一　位次礼仪

国学小资料

从《鸿门宴》看古代座次礼仪

在古代，人们交往中的座次是很讲究的，它显示着人们社会地位的高低，表现着主人待客的不同态度。

在《鸿门宴》中，司马迁着意描述了宴会上的座次："项王、项伯东向坐，亚父南向坐，——亚父者，范增也。沛公北向坐，张良西向侍。"（图6-1）就是说，项羽和项伯面向东坐，范增面向南坐，刘邦面向北坐，张良面向西侍奉、陪席。这一描述看似寻常之笔，实则大有深意，它对表现人物的性格特征具有重要作用，也体现了古代座次的一些规则。

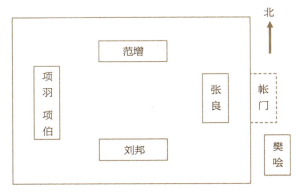

图6-1　鸿门宴示意图

古代的座次以何为尊呢？这与古代的建筑是相关联的。古代的居住建筑一般都是堂室结构，坐北朝南，前堂后室。入室必经堂，成语"登堂入室"即由此而生。人们把得到老师真传的学生称为"入室弟子"。

在堂上举行的礼节活动是南向为尊。皇帝聚会群臣，他的座位一定是坐北向南的。因此，古人常把称王称帝叫做"南面"，称臣叫做"北面"。古代的"南面"就是坐北朝南，即面朝南坐，其位为尊为上；"北面"就是坐南朝北，即面朝北坐，这相对"南面"地位较低。

古代的室一般是长方形，室内最尊的座次是东向（坐西面东），其次是南向（坐北向南），再次是北向（坐南面北），最卑是西向（坐东面西）。

项羽在鸿门宴中就是如此安排的："项王、项伯东向坐，亚父南向坐，——亚父者，范增也。沛公北向坐，张良西向侍。"（《史记·项羽本纪》）项羽、项伯朝东而坐，最尊；范增朝南而坐，仅次于项氏叔侄的位置；项羽让刘邦北向坐，又卑于范增，不把他看成与自己地位匹敌的宾客；张良面朝西的位置，是在场人中最卑的了，不能叫坐而叫侍。古书上有"东家""西宾"的说法，即是就室内而言。古人将宾客和老师都安排在坐西朝东的座位上，以表示尊敬。所以，对宾客和老师也尊称为"西席""西宾"。主人则称为"东家"。

我国后代常用左右来代替东西，即左东右西，同今天地图上的"左西右东"正好相反。如《晋书·温峤传》:"元帝初镇江左。"这里的"江左"就是"江东",也就是长江以东。这样,便由室内座位上的以西为上为尊,引申出以右为上为尊,以左为下为卑。就是贵右贱左。古时官场座次尊卑有别,十分严格。官高为尊居上位,官低为卑处下位。如《史记·廉颇蔺相如列传》:"以相如功大,拜为上卿,位在廉颇之右。"这里的"位在廉颇之右"就是位在廉颇之上,也就是蔺相如的官职比廉颇高。此外,在官职调动上,还有"左迁""右迁"的说法。"右迁"是升职,如王安石《李端悫可东上阁门使制》中"非专为恩,以致此位,积功久次,当得右迁";左迁就是贬官、降职。如白居易《琵琶行·序》中说:"元和十年,予左迁九江司马。"他由太子左赞善大夫降职为江州司马,成为一个"无言责,无事忧"的闲散官。又如李白《闻王昌龄左迁龙标遥有此寄》和韩愈《左迁至蓝关示侄孙湘》。

古人的座次尊卑随着时间的变换、地点和目的的不同,还有不同的变化。例如明朝余继登在《典故纪闻》卷一中记载:"国初习元旧,俱尚右,至正元年十月,太祖令百官礼仪俱尚左,改右相国为左相国,余官如之。"这就是说,元朝时官职以右为上,明朝建立后则以左为上。元之前的唐宋又如何呢?也是以左为上。如唐太宗的两位名相合称"房谋杜断",房玄龄在前而杜如晦在后,房玄龄之尚书左仆射显然尊于杜如晦之尚书右仆射;南宋文天祥被任命为右丞相兼枢密使,都督诸路军马,其地位也次于当时担任左丞相兼枢密使、都督诸路军马的吴坚。

在军队中,一般都是以左为上的。如《赤壁之战》中,孙权"以周瑜程普为左右督,将兵与备并力逆操",同为都督,周瑜就尊于程普。

古人外出乘车,车上座次也有尊卑之分的。"乘车之法,尊者居左,御者居中,又有一人处车之右,以备倾侧。"(颜师古《汉书注》)如《史记·魏公子列传》中:"公子于是乃置酒大会宾客。坐定,公子从车骑,虚左,自迎夷门侯生。"虚左,就是空出左边尊位,以示尊敬。成语"虚左以待"即缘此而生。不过这"左"已泛指席位左边的位置,而不单单指车骑位置了。兵车则不同。一般兵车是御者居中,左右两侧各有手执兵器的甲士一人,居中的御者为统领。主帅或国君的战车,则是主帅或国君居中亲自掌旗鼓指挥,御者在左,另有一个侍卫在右卫护,也叫车右。可见,兵车之上,中间的座次是尊位。

知识探究

在生活和工作中,您是否遇到过这样的尴尬和困惑:会场上,面对着大大小小的领导,不知道该如何安排他们的座位?酒桌前,看着满桌的菜肴,分不清究竟自己该坐在哪个地方?汽车里,自己该坐哪个位置?行进中,前后左右又该如何体现对客人的尊重?如此众多的问题使得人们往往迷失在位次的选择上。

其实从小到大,人与人之间的交往一天也没离开过顺序的排列,上学站队,考试排名,推杯换盏,你来我往,这其中既有明确的标准,又有约定俗成的礼数。当然,位次礼仪要注意区别不同情况。内外有别,场合有别,中外有别。

内外有别。如家人间和朋友同事间应有区别,家人间可随意自然,而朋友同事间就会讲究一些。

场合有别。关于座位的排位,在不同的场合要根据情况而选择排位标准。中国有一句老话,叫作"在朝序爵、在乡序齿。"所谓"在朝序爵",是指在官场以官位高低为序;"在野序齿",指在民间以年龄辈分为序。

中外有别。中国传统礼仪是以左为尊,而国际惯例则是以右为尊。当今的中国正在走向世界,世界正在接受和了解中国,中国人不仅要讲中国传统,在国际交往中还要讲国际礼仪。公务礼仪、政府礼仪讲的是中国传统习俗,有中国特色的做法。商务、国际场合遵循国际惯例。如何确定左右呢?座次排列是按照当事人自己之间的左和右。

一、位次礼仪基本规则

1. 面门为上

室内活动,面对房间正门的位置是上座,如到餐馆里面雅座包间吃饭,雅座包间一般面对房间正门的位置都是主位,是买单的位置,因为它视野开阔,标准的报告厅、会场主席台都是面对正门的。

2. 居中为上

中央高于两侧。

3. 以右为上

以左为上是我国传统习俗，目前在我国主要是在政务礼仪中比较通行，一般的社交场合和商务交往乃至国际交往我们现在都是遵守国际惯例，而国际惯例都是以右为上。

4. 前排为上

大会会场，无论台下还是台上座位，都是第一排的位置为上。

5. 以远为上

距离房间正门越远位置越高，离房门越近，位置越低。

二、具体场合的位次礼仪

（一）行进

1. 平地行进

两人横向行进，右边高于左边；内侧（如靠墙、走廊内侧）高于外侧。

多人并排行进，中央高于两侧。

纵向行进，前方高于后方。

引导客人，一般遵守"引客在前，送客在后"的原则（但客人知路时，可让客人在前）。

2. 上下楼梯

内侧高于外侧，右侧高于左侧，前排为上。

在客人不识路的情况下，陪同引导人员要在前面带路。陪同引导的位置是左前方1~1.5米处，应该让客人走在内侧或右侧。行进时，身体侧向客人，用手势引导。

如女士着裙装（特别是短裙），上下楼时宜令女士居后，以免短裙"走光"。

（二）出入房间

出入房门，一般应让客人或者贵宾先入先出。当你引领一位尊者进出入房门时，应该是：外拉门请对方先进，内推门自己先进，并做相应的指引手势，这样可以为对方扶住门，以免发生意外，也会显得彬彬有礼。当房门的把手在右侧时可用左手开门，把手在左侧时可用右手开门。如图6-2所示。

（1）外拉门

（2）内推门

图6-2　出入房间

（三）乘坐电梯

1. 出入电梯顺序

（1）电梯里没人　下级、晚辈、陪同人员先进后出，在客人之前进入电梯，按住"开"的按钮，请客人进入。到达目的地，按住"开"的按钮，请客人先下。

（2）电梯内已有人或有人驾驶　无论进出都是客人、上级优先，下级、晚辈、陪同人员后进后出，如果人较多不便让位时后进者可先出。

2. 电梯内站位

愈靠内侧是愈尊贵的位置，按键是晚辈或下属的工作。

3. 电梯内言行规范

先下后上。

先上电梯的人应靠后面站，以免妨碍他人搭乘电梯。

不要堵在电梯口，应让出通道。

先进入电梯，应主动按住按钮，防止电梯夹人，帮助不便按键的人按键，或者轻声请别人帮助按键。

尽量侧身面对别人。

绝对不可抽烟，一般也不交谈。

不要在电梯中甩头发，以免刮人脸。

（四）乘车

1. 车内座次

确定车内上座的三个因素如下。

一是尊者意愿，尊者坐在哪里，哪里就是上座。必须尊重上宾本人对轿车座次的选择。如果上宾首先上车，那么他所坐的位置即是上宾席，不必劳驾移位，除非他坐在了驾驶座上。

二是车型，如小轿车、吉普车、商务车等。

三是驾车人，应区分主人驾车还是专人（专职司机或出租车司机）驾车。

（1）轿车

专职司机或出租车司机开车时，司机后排的对角线位置为上座，我国车辆右行，方向盘在左，上座就是后排右边的位置。我国香港地区、日本、英国方向盘居右，车辆左行，那么上座就是后排左。原因第一是安全，车辆出问题往往是追尾或者碰撞，副驾驶座一般情况下伤亡概率较高，第二是上下车方便，因为我国车辆右行，开右边门，左门一般不开。如图6-3所示。

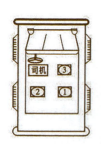
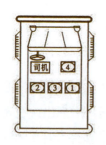

图6-3　司机开车

特殊场合司机后面的座位是高级官员、重要人物乘坐，这是为了安全和隐蔽。

由专人驾驶车辆时，轿车副驾驶座一般是随员座，坐于此处者多为随员、译员、警卫等。从安全角度考虑，一般不应让女士坐副驾驶座，孩子与尊长也不宜在此座就座。

主人亲自开车时，不能让前排空着，要有一个人坐在那里以示相伴。上座是副驾驶座。如图6-4所示。

（2）吉普车　无论谁开车，吉普车上座是副驾驶座，吉普车底盘高，功率大，越野是主要功能，后座颠簸不舒适。

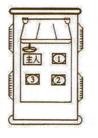

图6-4　主人开车

（3）多排座的大中型轿车　无论谁开车，前排为上，后排为下，右高左低。

2. 上下车顺序

乘坐轿车，位尊者先上后下，随从者后上先下。

上车时，下级为领导和客人打开车门，左手固定车门，右手护住车门的上沿（左侧进出相反），防止领导或客人碰到头部，等到确认其身体安全进车后轻轻关上车门。

下车时，若有专人恭候并负责拉开轿车的车门，则位尊者可以率先下车。

3. 女士上下车姿势

（1）上车　仪态要优雅，不要一只脚先踏入车内，也不要爬进车里。正确步骤和动作是：身体背向车厢，站在座位边上，然后身体降低，臀部坐到座位上，双膝保持合并的姿势将双腿一起收进车里（如穿长裙，在关上车门前将裙子整理好，以免被车门夹住）。

（2）下车　准备下车时，应尽量将身体移近车门，车门打开后，双脚膝盖并拢抬起，移出车门。保持双脚膝盖并拢着地。然后将身体重心移至双脚，头部先出，再把整个身体移离车外。最后起身直立，转身关车门。

（五）会客

1. 自由式

随便坐，这一般是家中或私人交往或者不好排座次的时候采用。

2. 相对式

面对面就座叫相对式，是公事公办、拉开距离。商务谈判、领导跟部下布置工作、警察询问犯罪嫌疑人，或者是关系不太亲近的男女之间，一般都是相对式，这是公事公办，或者是拉开距离的。

3. 并列式

并排就座叫并列式，平列式是关系平等，表示亲密和友善。距离是一种关系，距离是一种态度，并排就座是平起平坐，表示亲密友善，所以会客很多都是并列式，如国家领导人会见外宾都是并列式。

（六）宴席

1. 桌次排列

中餐用的餐桌大多是圆桌，排列时要按照一定的次序。主桌应安排在餐厅的重要位置，并以面门、面南为好。其他桌子的安排有所不同：按我国传统习惯，是以离主桌的近高远低、左高右低的原则来安排。按国际惯例，则遵循近高远低、右高左低的原则。

图6-5采用国际惯例。左右方位的确定以面对正门的位置为准。

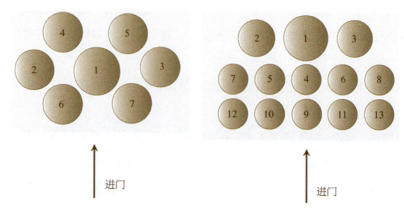

图6-5　桌次排列

2. 座位安排

宴请中座位安排也有主次之分，主位面门或面南，其余座次安排与桌次安排原则相类似，可按我国传统习惯，左高右低；也可依国际惯例，右高左低。如按国际惯例，一般可分为两种情况，如图6-6所示。

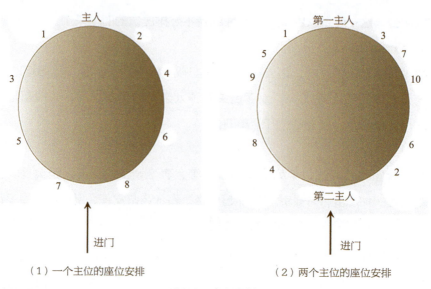

图6-6　座位安排

一种是每桌只有一个主位,主宾在主人右侧就座。

另一种是每桌有两个主位,男主人为第一主人,女主人为第二主人。主宾和主宾夫人分坐男女主人右侧。

(七) 会议、报告

主席台座次规则是:前排高于后排;中央高于两侧。左右的排列则中外有别:中国传统左高右低,国际惯例右高左低。公务礼仪、政府礼仪讲的是中国传统习俗,左为上。商务、国际场合遵循国际惯例,右为上。如政务会议、国企内部的大型会议,一般仍然遵守"左为上"的原则,其他商务、社交、涉外活动一般遵循"以右为尊"的国际惯例。

实训演练

1. 回答本章开头的情景导入镜头一中周总为什么不愿再坐公司的车了?张总在安排座位上有什么不妥之处?

2. 王先生为什么没有被重用?

某公司王先生年轻肯干,点子又多,很快引起了总经理的注意并拟提拔为营销部经理。为慎重起见,决定再对他进行一次考查。恰巧总经理要去省城参加一个商品交易会,需要带两名助手,总经理一是选择了公关部杜经理,一是选择了王先生。王先生自然看重这次机会,也想寻机好好表现一下。

出发前,由于司机小张乘火车先行到省城安排一些事务尚未回来,所以,他们临时改为搭乘董事长驾驶的轿车一同前往。上车时,王先生很麻利地打开了前车门,坐在驾车的董事长旁边的位置上,董事长看了他一眼,但王先生并没有在意。

车上路后,董事长驾车很少说话,总经理好像也没有兴致,似在闭目养神。为活跃气氛,王先生寻一个话题:"董事长驾车的技术不错,有机会也教教我们,如果都自己会开车,办事效率肯定会更高。"董事长专注地开车,不置可否,其他人均无应和,王先生感到没趣,便也不再说话。

一路上,除董事长向总经理询问了几件事,总经理简单地作回答后,车内再也无人说话。到达省城后,王先生悄悄问杜经理:董事长和总经理好像都有点不太高兴。杜经理告诉他原委，他才恍然大悟，"噢，原来如此。"

会后从省城返回，车子改由司机小张驾驶。杜经理由于还有些事要处理，需在省城多住一天，同车返回的还是4人。王先生想这次不能再犯类似的错误了。

于是，他打开前车门请总经理上车，总经理坚持要与董事长一起坐在后排，王先生诚恳地说："总经理您如果不坐前面，就是不肯原谅来的时候我的失礼之处。"并坚持让总经理坐在前排才肯上车。

回到公司，同事们知道王先生这次是同董事长、总经理一道出差，猜测着肯定提拔他，都纷纷向他祝贺。然而，提拔之事领导却再也没有提及了。

3. 模拟工作中上下级、生活中长辈和晚辈一起前行、上下楼梯、出入房间、乘坐电梯和轿车、女士上下车的情景。

任务二　宴会礼仪

国学小资料

餐饮礼仪可谓源远流长。据文献记载可知，至少在周代，饮食礼仪已形成一套相当完善的制度，特别是经过曾任鲁国祭酒的孔子称赞推崇，成为历朝历代表现大国之貌、礼仪之邦、文明之所的重要方面。

中国古代在饭、菜的食用上都有严格的规定，通过饮食礼仪体现等级区别。如王公贵族讲究"牛宜稌，羊宜黍，豕宜稷，犬宜粱，雁宜麦，鱼宜蓏，凡君子之食恒放焉""凡王之馈，食用六百，膳用六牲，饮用六清，羞用百有二十品，珍用八物，酱用百有二十瓮"。而贫民的日常饭食则以豆饭藿羹为主，"民之所食，大抵豆饭藿羹"。

《礼记·礼器》曰："礼有以多为贵者，天子之豆二十有六，诸公十有六，诸侯十有二，上大夫八，下大夫六。"而民间平民的饮食之礼则"乡饮酒之礼，六十者三豆，七十者四豆，八十者五豆，九十者六豆，所以明养老也"。乡饮酒，是乡人会聚饮酒之礼，在这种庆祝会上，最受尊敬的是长者。

古人不仅讲求饮食规格，而且连菜肴的摆放也有规则。《礼记·曲礼》说："凡进食之礼，左肴右胾，食居人之左，羹居人之右。脍炙处外，醯酱处内，葱渫处末，酒浆处右。以脯修置者，左朐右末。"就是说，凡是陈设便餐，带骨的菜肴放在左边，切的纯肉放在右边。干的食品菜肴靠着人的左手方，羹汤放在靠右手方。细切的和烧烤的肉类放远些，醋和酱类放在近处。葱等伴料放在旁边，酒浆等饮料和羹汤放在同一方向。如果要分陈干肉、牛脯等物，则弯曲的在左，挺直的在右。这套规则在《礼记·少仪》中也有详细记载。上菜时，要用右手握持，而托捧于左手上；上鱼肴时，如果是烧鱼，以鱼尾向着宾客；冬天鱼肚向着宾客的右方，夏天鱼脊向宾客的右方。

古代宴饮礼仪，自有一套程序：主人折柬相邀，迎客于门外。宾客到时，互致问候，引入客厅小坐，敬以茶点。客齐后导客入席。客人坐定，由主人敬酒让菜，客人以礼相谢。席间斟酒上菜也有一定的讲究：应先敬长者和主宾，最后才是主人。宴饮结束，引导客人入客厅小坐，上茶，直到辞别。席间斟酒上菜，也有一定的规程。

知识探究

宴会，是以宴请为形式的一种重要的社交活动。

一、宴会的分类

1. 国宴

国宴是在外交场合由国家元首出面，宴请别的国家元首的宴会。所以国宴的主体和客体都是特定对象。

2. 正式宴会

正式宴会的正式表现有三：第一人员事先确定，第二菜单要确定，第三时间是确定的。一般情况下，大型的正式的宴会往往是晚宴，也有少数情况是午宴，比如婚宴。一般的商务宴请、社交宴请往往是晚宴，因为中午大家忙工作，没时间，所以晚宴相对就可以比较放松。

3. 便宴

便宴相对比较随便，规模比较小，菜比较简单，时间也比较短。但实际上还是社交。

4. 家宴

家宴，就是把人请到家里来吃饭，家宴重在参与，强调气氛的温馨随和。

二、主人的礼仪

（一）费用

了解情况，做好预算，并考虑到可能的意外。量力而行，经济实用。味道好吃、价格公道，既让客人满意，又不要浪费。

（二）会客

1. 请哪些人

主宾确定后，要好好考虑请哪些人作陪合适，效果好。

2. 座次排列

比较正式的宴会，一般桌子上要放桌签，一号桌、二号桌、三号桌，还要放姓名签，让大家对号入座，一般习惯把地位身份相近似的人、夫妻等排在一起，把宾主交叉排列。

（三）环境

考虑以下三个要点。

（1）环境要卫生。除了吃饭的厅堂，还包括周边及卫生间等环境。

（2）环境要安全。有紧急门，遇到火险、灾难容易疏散撤退。

（3）交通要便利，停车方便。

（四）音乐

优美的音乐能营造良好的用餐气氛，使大家容易和谐、冷静、专注、融洽地进行交流。若有条件自己安排音乐，选择的曲目气氛应该跟现场吻合，轻松、自然、舒缓，不要激烈的或忧伤的音乐。另外，如果请的客人比较重要，音乐风格主题应该考虑对方的爱好，不能只从自己的喜好出发。

（五）菜单

安排菜单的技巧如下。

1. 展示特色

（1）有中餐特色的菜肴　宴请外宾的时候，这一条更要重视。像炸春卷、蒸饺子、狮子头、宫爆鸡丁等，并不是名贵珍稀菜肴，但因为具有鲜明的中国特色，所以受到很多外国人的推崇。

（2）有本地特色的菜肴。比如西安的羊肉泡馍、湖南的毛家红烧肉、北京的涮羊肉等，在那里宴请外地客人时，上这些特色菜易受好评。

（3）本餐馆的特色菜。很多餐馆都有自己的特色菜，上一份本餐馆的特色菜，能说明主人的细心和对被请者的尊重。

2. 注意客人的禁忌

要明白客人的忌口是什么。如果是便宴，可现场询问各位有什么忌口。如果是国宴或者大型宴会，主要考虑主宾，要提前向对方或者随员进行征询。

（1）职业禁忌　有些职业，在餐饮方面往往也有各自不同的特殊禁忌。例如，国家公务员在执行公务时不准吃请，在公务宴请时不准大吃大喝，不准超过国家规定的标准用餐，不准喝烈性酒。驾驶员工作期间不得喝酒。

（2）民族宗教禁忌　如满族、蒙古族、藏族、回族都是不吃狗肉的。伊斯兰教不吃猪肉。佛教禁食荤腥食品，它不仅指的是肉食，而且包括葱、蒜、韭菜、芥末等气味刺鼻的食物。

（3）健康禁忌　出于健康的原因，对于某些食品也有所禁忌。比如，有心脏病、脑血管病、动脉硬化、高血压和卒中后遗症的人不适合吃狗肉；肝炎病人忌吃羊肉和甲鱼；有胃肠炎、胃溃疡等消化系统疾病的人也不合适吃甲鱼；高血压、高胆固醇患者要少喝鸡汤；糖尿病患者不能吃甜品。

（4）地域性禁忌　不同地区，人们的饮食偏好往往不同。对于这一点，在安排菜单时要兼顾。比如，湖南人普遍喜欢吃辛辣食物，少吃甜食。英美国家的人通常不吃稀有动物、动物内脏、动物的头部和脚爪。另外，宴请外宾时，尽量少点生硬需啃食的菜肴，他们在用餐中不太习惯。

（5）个人禁忌　由于个人习惯与禁忌不能吃的东西。

三、客人的礼仪

（一）主要环节礼仪

1. 到场

遵守时间，赴宴要准时到达。

2. 吃菜

中国人一般都很讲究吃，也很讲究吃相。

中餐宴席进餐伊始，服务员送上的第一道湿毛巾是擦手的，不要用它去擦脸。上龙虾、鸡、水果时，会送上一只小水盂，其中飘着柠檬片或玫瑰花瓣，它不是饮料，而是洗手用的。洗手时，可两手轮流沾湿指头，轻轻涮洗，然后用小毛巾擦干。

用餐时要注意文明礼貌。劝菜要适度，一般不宜为对方夹菜。尤其对外宾不要反复劝菜，可向对方介绍中国菜的特点，吃不吃由他。外宾没有这个习惯，一再客气，对方会反感。同样道理，参加外宾举行的宴会，主人也不会反复给你让菜。

客人入席后，不要立即动手取食。而应待主人打招呼，由主人举杯示意开始时客人才能开始。客人不能抢在主人前面。夹菜要文明，应等菜肴转到自己面前时再动筷子，不要抢在邻座前面。

一次夹菜也不宜过多。要细嚼慢咽，这不仅有利于消化，也是餐桌上的礼仪要求。决不能大块往嘴里塞，狼吞虎咽，这样会给人留下贪婪的印象。不要挑食，不要只盯住自己喜欢的菜吃，或者急忙把喜欢的菜堆在自己的盘子里。

用餐的动作要文雅，夹菜时不要碰到邻座，不要把盘里的菜拨到桌上，不要把汤泼翻。不要发出不必要的声音，如喝汤时"咕噜咕噜"，吃菜时嘴里"叭叭"作响，这都是粗俗的表现。吃进嘴的东西不要再吐出来。

不要站起身夹菜。

不要非议饭菜，为难主人。

不要一边吃东西，一边和人聊天。嘴里的骨头和鱼刺不要吐在桌子上，可放在碟子里。掉在桌子上的菜不要再吃。

进餐过程中不要玩弄碗筷，或用筷子指向别人。用牙签剔牙时，应用手或餐巾掩住嘴。不要让餐具发出声响。

用餐结束后，可以用餐巾、餐巾纸或服务员送来的小毛巾擦擦嘴，但不宜擦头颈或胸脯；餐后不要不加控制地打饱嗝。在主人还没示意结束时，客人不要先离席。

3. 喝酒

敬酒的小技巧如下。

主人敬主宾。陪客敬主宾。主宾回敬。陪客互敬。

作客不能喧宾夺主乱敬酒，那样是很不礼貌，也是很不尊重主人的。

领导相互喝完才轮到下属敬酒。敬酒要站起来，双手举杯。

可以多人敬一人，不可一人敬多人，除非你是领导。

如果没有特殊人物在场，敬酒最好按顺时针顺序，不要厚此薄彼。

自己敬别人，如果不碰杯，自己喝多少可视乎情况而定，比如对方酒量、对方喝酒态度，不可比对方喝得少。自己敬别人，如果碰杯，一句"我喝完，你随意"，方显大度。

端起酒杯，右手扼杯，左手垫杯底，敬酒时注意自己的杯子低于对方。

敬酒时，要有恰当的敬酒词。

助酒不劝酒，不要酗酒划拳，争吵起哄。

4. 离席

尽量在结束的时候再走。当你要中途离开时，不要和谈话圈里的每一个人一一告别，只要悄悄地和身边的两、三个人打个招呼，跟主人告别，离去便可。和主人打过招呼，应该马上就走，不要拉着主人在门口聊个没完。因为现场也还有许多客人等待他（她）去招呼，你占用主人太多时间，会造成他（她）在其他客人面前失礼。

（二）注意事项

1. 吃饭用筷十忌

一忌迷筷，犹豫不决，不知从何下筷，手握筷子在餐桌上乱游寻；

二忌翻筷，在碗里扒拉拣食；

三忌刺筷，以筷当叉使；

四忌拉筷，持筷撕口中正咀嚼的鱼肉；

五忌泪筷，夹菜带汤，滴答乱流；

六忌吸筷，将筷子放入口中吮吸；

七忌别筷，用筷子撕扯肉类菜；

八忌供筷，把筷子竖直插入碗中；

九忌敲筷，以筷击碗或桌子；

十忌指筷，持筷指人说话。

平时用餐时也应注意避免左右手同时并用筷子勺子，应右手拿筷子或勺子，左手扶着饭碗，以示珍惜饭碗。

这些禁忌大都是与吉凶、卫生、谦让、礼貌有关。

2. 注意适度的交际

一般比较重要的宴会，往往会把不太熟的人适当地交叉放在一块儿，并进行介绍。被介绍之后应跟人家打个招呼，适当地进行沟通，不能只埋头吃饭。

总之，了解宴会礼仪，遵守宴会礼仪，不仅能够让我们恰到好处地品尝美味佳肴，让我们的宴会发挥良好的功效，而且还可以使我们在宴会上多交朋友，广结善缘，维护形象，扩大交际圈。

实训演练

分小组分别模拟商务场合宴会、长辈生日宴会情景，展现主客双方礼仪规范。

任务三　拜访与会客礼仪

国学小资料

晚清朱漆拜匣揭示古人会客之道

古人对于拜访与会客，是十分讲究礼节的。有一件晚清朱漆拜匣，它上面的文字或可作为揭示古代拜访礼节的一条线索。

　　藏品为一木胎漆方盒，长29.3cm，宽17.3cm，高4.7cm，由于高度的限制，此盒放不了食品，也放不了什么器物。盒面朱漆为边框，黑漆开光上加金彩书"礼藏缄内片楮，利是发中大人"。由此似乎可知，盒内放的应为纸笺等物。

　　这件器物到底是做什么用的？盒子中又应该装些什么呢？盒面上的铭文似乎给了我们一些线索。"礼藏缄内片楮"就是说盒子里面有纸，纸里面有礼物，故而应该是礼单。"利是发中大人"，这句话虽然同现代汉语之间有较大出入，但是，大体意思讲的无非是给官员送礼的婉转说法。由此可知，这是装礼单的盒子，这类盒子，统一归为拜匣，其作用大体相当于现在的名片盒。

　　古代的官员士绅、文人商贾往来拜访，有一整套繁琐的仪式。来客须先呈上写有自己名字及功名官衔的名帖，由主家的仆役呈交通报，主人根据名帖上的信息决定是否接见，然后才由仆役领着客人到前堂就座，主客寒暄叙谈，敬执宾主之礼。

　　在这一过程当中，拜帖是很重要的信息载体。为了令拜帖显得庄重而考究，不至出现皱褶叠痕，有身份地位的来客会用一只专用的小木匣盛装拜帖，一来显示对主人的尊重，二来也通过这种用具间接地告诉主人自己是什么身份档次，财富地位如何。这种专门用来盛装拜帖的匣子是众多文房用具中的一种，称之为"拜匣"，又名"拜帖盒"。由此，写有"礼藏缄内片楮"的拜匣是在传递着这样的一个信息："我可不是空着手来的哦。"

知识探究

一、作客礼仪

1. 预约

　　当你决定去拜访某位亲朋好友时，事先最好给对方去封信或打个电话，预先约定一个时间以便对方事先作好安排。约定时间和地点，向对方通报届时到场的具体人数及其各自身份。当接到别人邀请做客的信件或电话后，要认真考虑是否愿意应约前往，无论答应还是拒绝都要及时告诉对方，以免让友人焦急等待。

2. 服装仪表

应邀做客时服装和仪表都应该注意修饰，服装应整洁、庄重，仪表应端庄大方，以示对主人的尊重。但不要过于华丽，避免炫耀之嫌。

3. 准时到达

如果事先已经约定好时间，就应遵守约定，准时到达，以免让别人久等。也不要提早到，以免主人未作好准备。如果发生了特殊情况不能前去，应尽可能提前通知对方，并表示歉意。随便失约是很不礼貌的事情。一旦应邀，没有特殊理由不能失约。

4. 叩门按铃

到达主人门前，应先擦干净鞋上的泥土，然后按铃或敲门，敲门要把握好力度和节奏，中指有节奏地敲打二三次，然后停止，若主人尚未来开门，可间隔一会儿再敲，切忌连续用力拍打。

5. 进门问候

到达主人家里，不要太急于入屋内，应先向主人问候寒暄，并同主人的家属及客人打招呼。跟随主人进入，不要在主人之前抢先入内。

6. 入座

待主人安排或指定座位后再坐下，同时要注意坐的姿势。如果携带礼物，此时应当面赠送礼物，表达原因、祝福、心意。

7. 接受烟茶

对主人的敬茶、敬烟应表示感谢。

主人端茶递烟要起身道谢，双手应接。主人端上的果品，要等年长者先动手之后，自己再取，果皮果核不要乱扔乱放，烟灰应弹在烟缸内。

8. 交谈

谈话要专心，不可左顾右盼，不要在房间里走来走去，更不可乱翻东西。

交谈用语、语气，要顾及对方的辈分、地位及相互关系。适当同主人家属交谈。多人拜访，不要一个人抢着说话。

9. 辞行

一是把握好辞行时机。拜访要"见好就收"，适可而止。如果交谈已持续一定时间，或发现主人心不在焉、蹙眉皱额、或不时看表，来访者应寻找适宜结束的话题并告辞。告辞不应在对方说完一段话后立即提出，可选在两人沉默的空间。如果主人有新客人来访，应同新客人打过招呼之后尽快告辞，以免妨碍他人。

二是注意恰当的言行。辞行时应与主人握手，向家属和在场的客人致意告辞。如果来访的客人很多，自己有事提前离开，可低声向主人告辞并表示歉意，若其他客人注意到，则可向他们示意道别。

二、待客礼仪

1. 准备

如果知道有客人来访要提前做些准备工作，以免客人到来时手忙脚乱。如果客人突然临门，室内来不及清扫，应向客人致歉，但不宜急忙打扫。

2. 迎接问候

客人在约定时间到达，主人应提前到门口迎接，见到客人后，应热情打招呼，以示欢迎。通常迎客应有"三部曲"——握手、问候和表示欢迎。

3. 敬茶

客来敬茶是中国人的待客传统习俗，要注意以茶会客的礼仪。

（1）注意敬茶的顺序

如果客人不止一位时，第一杯茶应敬给德高望重的长者。

若来访的客人较多时，上茶的先后顺序如下。

其一，先为客人上茶，后为主人上茶；

其二，先为主宾上茶，后为次宾上茶；

其三，先为女士上茶，后为男士上茶；

其四，先为长辈上茶，后为晚辈上茶。

如果来宾甚多，且其彼此之间差别不大时，可酌情采取下列四种顺序上茶。

其一，以上茶者为起点，由近而远依次上茶；

其二，以进入客厅之门为起点，按顺时针方向依次上茶；

其三，在上茶时以客人的先来后到为先后顺序；

其四，上茶时不讲顺序，或是由饮用者自己取用。

（2）茶具要清洁　客人进屋后，先让座，后备茶。冲茶之前，一定要把茶具洗干净，尤其是久置未用的茶具，难免沾上灰尘、污垢，更要细心地用清水洗刷一遍。在冲茶、倒茶之前最好用开水烫一下茶壶、茶杯。这样既讲究卫生，又显得彬彬有礼。用污迹斑斑的茶杯给客人倒茶是不礼貌的表现。现在一般的公司都是一次性杯子，在倒茶前最好给一次性杯子套上杯托，以免水热烫手。

（3）茶水要适量　放置的茶叶不宜过多，也不宜太少。假如客人主动介绍自己喜欢喝浓茶或淡茶的习惯，那就按照客人的口胃把茶冲好。倒茶时，无论是大杯小杯，水都不宜倒得太满，以七分满为佳。太满了容易溢出，弄湿桌子、凳子、地板。不小心还会烫伤自己或客人的手脚，使宾主都很难为情。当然，也不宜倒得太少。

（4）端茶要得法　敬茶时要将茶杯放在托盘上，用双手奉上，茶杯应放在客人右手的上方。尤其是没有杯耳的茶杯倒满茶之后周身滚烫，双手不好接近，应该有托盘。对有杯耳的茶杯，通常是用一只手抓住杯耳，另一只手托住杯底，把茶端给客人。

（5）添茶要及时　添茶的时候要先给客人或位尊者添茶，最后再给自己添。

递烟也是我国待客的一种传统习俗，一般情况下，来客坐下后即可递烟，尤其是男士。递烟时要注意，尽量不要用手指直接接触烟嘴，如果客人不吸烟，不要强行递送。

4. 陪客交谈

客人坐下，递烟敬茶后，应立即与客人交谈，尽快弄清来访者的意图，迅速确定谈话话题。交谈的内容根据来访者的目的、身份、职业、兴趣而定，不要谈些对方不太熟悉或不感兴趣的话题。主人要善于倾听与交谈，引领话题。若来客多人，不冷落任何一个客人。如客人互不相识，主人需作介绍。

5. 共同进餐

如果到了进餐的时候，要请客人一起进餐，客人同意后，主人及家属要进行合作，一人陪客，一人准备饭菜。在进餐时，可以根据条件听听音乐等，以增加欢快气氛。

6. 送客

客人告辞时，主人应婉言相留，若客人执意要走，也要等客人起身告辞时再站起来相送。若赠送礼物，应在此时交给客人并表达心意。送客时要把客人送到门口或楼下，亲切道别，待客人走远后再回身关门或上楼，不要客人刚一出门就关门。

实训演练

模拟演示：天宇物流公司员工张晓力邀请同一部门的几位同事本周六去自己家玩儿，并设午饭招待。晓力和父母同住。周六上午10点开始，几位同事各自带着精心挑选的礼物到达……

任务四　馈赠与接受礼仪

国学小资料

中国古代的送礼习俗

人们相互馈赠礼物，是人类社会生活中不可缺少的交往内容。在古代人们也要送礼的，古代人送礼都送些什么呢？

在古代，礼品可以是钱币类的金银等，《春秋》《史记》等史书和古籍中常有天子赐予诸侯或功臣"千金""万金"之记载。书籍、工具、武器等物品也是很受大家喜爱的礼物，"宝剑赠英雄"更是千古佳话。这些物品主要表达了一种寄托和一种寓意，比如书籍寓意着高中等，这些东西也可以表达出对送礼对象的一种尊重。此外，马匹也是很常见的一种礼物，比如《三国演义》中关羽座下的赤兔马蒙曹操所赠。但根据史书记载，赤兔马在主人吕布战败后，不知去向，并没有被曹操赏赐给予关羽成为坐骑，曹操赠马乃《三国演义》虚构情节。但这一情节也反映了当时马匹作为礼物赠送的习俗。衣物、珠宝食物及田宅等也都是古代常见的礼物。

除了这些，古代甚至还会把人当做礼物赠送给别人，古代美人西施被范蠡当作礼品献与吴王夫差，貂婵则是王允连环计中献给董卓的礼品。

随着社会的发展和生活的进步，礼品也随之变化，逐渐摒弃了一些违反行为道德和个人意志的不健康的做法，成为一种特殊的社会艺术形态，有其特有的内涵和诸多的表现方式。

知识探究

礼品是人际交往中表达心意、象征交情的物品。馈赠即赠送礼品，是人际交往中常用的活动形式之一。人们通过馈赠来表达慰问、祝贺、友好、感激、爱恋等情感。

一、赠送礼物

1. 送给谁

送给谁，要考虑自己的目的、效果，并注意相关的风俗习惯。可以送给受赠者本人，或者他家里其他人。比如如果一个家庭有小孩子，这个礼品就可以以小朋友为受众对象，如果他们家有老人，那么我们以老人为对象送礼品，也会皆大欢喜。

2. 送什么

根据自己的目的和对方的身份、性别、关系、风俗等选择合适的礼品。

一是明确与受赠者之间的关系；二是了解受赠者的兴趣爱好；三是根据不同目的选择礼品；四是注重融入真情；五是重视礼品的纪念意义；六是注意时尚性，不送过时的礼品；七是选择具有独特性的礼品，力求"人无我有""人有我优""人优我新"，人家没有的我有。如果送的东西大家都有，那么我的要更好一些，如比较出名的、品牌好的、最正宗地道的。或者是要款式、样式、功能比较新的。如果需要携带，礼品还应具有便携性，不要太大太重易碎等。

注意礼品选择的禁忌，如风俗习惯、民族差异和宗教信仰的禁忌，个人的禁忌，国家的有关规定等。

3. 在什么地方送

送礼品要考虑场合，比如公务交往的礼品一般应该在办公地点送，以示郑重其事，公事公办。私人社交的礼品要在私人交往的地方送，以示公私有别。公务商务、婚丧喜庆一般在公开场合赠送，答谢性馈赠和资助性馈赠等则适合在私人场合进行。

4. 什么时间送

馈赠的时间要及时适宜。节日、良辰、婚嫁、慰问、祝贺、感谢、送别、拜访、迎客等，都是送礼物的好时机。

送礼的时间，主人和客人应有区别。拜访别人时礼品应该在见面之初拿出来，第一容易给别人一个良好的开始的印象，表明你对对方的重视，第二是一个良好的开端也容易有一个良好的交往过程。而主人若要赠送，一般是在客人告辞的时候送礼，对外地的客人，一般是临行前送。

5. 如何送

礼品一般需要亲自赠送，如果不便亲自送，可采用两个方法：托人送或者寄送。当然，自己送和他人送给对方的感觉是不一样的，亲自送更能显出对对方的尊重和重视。另外，我们送给别人的礼品最好加以精心的包装。在赠送礼品时，应该清楚明白地用语言表达自己的心意。

二、接受礼物

1. 礼貌自然

当送礼者向受礼者赠送礼品时，受礼者应起身站立，面带微笑，用双手接受礼品，并与对方握手表示感谢。

如果自己觉得没有犯禁，没有犯党纪、国法，没有犯外事纪律，没有影响到两方的人际关系，可以接受就大方接受，却之不恭。如果有些礼品是不能够接受的，当即要说明原因加以谢绝，注意语言的礼貌和恰当，不要事后委托别人送还。

2. 表达感谢

如果你当场接受别人的礼品，一定要表示感谢，如"谢谢你的好意，感谢了"。

3. 表示欣赏和重视

显现出你对礼品的欣赏其实也是在表达感谢。尤其外国人很重视这点，接受别人的礼品，一般要打开包装看一看，并表示很欣赏。如果是别人寄来的礼物，或者当场不方便看不方便道谢，事后会打个电话，或者写封信告诉对方，你的礼品我很欣赏。中国人相对含蓄一些，但表示欣赏和感谢同样是必须的。

4. 不要高调招摇

一般来说，赠送礼品属于一种私人交往，要注意在外人面前低调一些，不要大肆宣扬招摇。

实训演练

分别模拟公务和私人间赠送和接受礼品的情景，展现礼仪规范。

任务五 祝贺礼仪

国学小资料

古代嘉礼

古代有五礼（吉、凶、军、宾、嘉），嘉礼乃其中之一。嘉礼是沟通联络感情、和谐人际关系的礼仪，多半是喜庆类的，从婚姻到兄弟、朋友，以及诸侯之间交往都会涉及。

《周礼·春官·大宗伯》："以嘉礼，亲万民：以饮食之礼，亲宗族兄弟；以婚冠之礼，亲成男女；以宾射之礼，亲故旧朋友；以飨燕（xiǎng yàn，以酒食祭神，泛指以酒食款待人）之礼，亲四方之宾客；以脤膰（shèn fán，古代祭社稷和宗庙用的肉）之礼，亲兄弟之国；以贺庆之礼，亲异姓之国。"郑玄注："嘉，善也。所以因人心所善者而为之制。嘉礼之别有六。"

嘉礼名目甚多，其主要内容有六：一曰饮食，二曰婚冠，三曰宾射，四曰飨燕，五曰脤膰，六曰贺庆。后代的帝王登基、太后垂帘、帝王圣诞、立储册封、帝王巡狩等，也属嘉礼。

冠礼，古代男子年满20岁时所行的一种典礼，即加冠以示成年。古代的女子也有相类似的典礼，是在15岁时将头发盘起，再插入笄（jī，簪子）加以固定，而称为"笄礼"，也同样表示成年，只是仪式不如冠礼隆重。

婚礼，即男女结合为夫妻时的礼仪。

射礼，是古代贵族男子射箭时的一种礼仪，在射礼中，必须立宾主，所以称宾射之礼。

飨礼，是设摆酒食，款待宾客的一种礼仪。

宴礼，宴，古时也作燕。宴礼，是古代君臣宴饮之礼。飨与宴在内容上有所不同，但都同属于宴饮之礼，后世对这两种礼仪也没有严格区别，经常合称为飨宴。

贺庆礼，对于有婚姻甥舅关系的异性之国，在他们有喜庆之事时，要致送礼物。

以六礼为主要内容的礼仪制度，自西周正式形成后，历朝历代在相袭沿用的同时，又不断进行改革和完善，从而使六礼所涉及的范围不断扩大，内容日渐增多。几乎一切社会活动及人们的日常生活都被包括在内，以此作为言行举止的标准。正因如此，礼仪在中国古代与社会的联系极为密切，与人们的关系也十分紧密。在礼仪制度下，社会各个阶层无不受到它的制约，自觉或不自觉地遵守着它的规定。社会通行礼仪，又促进了礼仪的发展，使之日益深入社会，深入人心，使社会公共道德的意识不断强化。

知识探究

祝贺，就是向他人道喜。每当亲朋好友在工作与生活上取得了进展，有了喜庆之事，或是恰逢节日喜庆之时，对其致以热烈的祝贺，会使对方的心情更为舒畅，双方的关系更为密切。

一、贺喜的主要种类

1. 贺婚

"洞房花烛"是人生最大喜事，乃婚姻幸福之始，接着生儿生女，延续更多希望。贺婚之礼人们最为重视。

2. 贺业

"金榜题名",古代读书人事业腾飞的开始。如今这"事业"更为宽广,升学、就职、升级、获奖以及公司或商场开业、开幕等,都是值得庆贺的。

3. 贺岁

逢年过节或过生日、老人寿诞,要祝贺。

二、贺喜的方式

祝贺的方式有多种多样。口头祝贺、电话祝贺、书面祝贺、点播祝贺、赠礼祝贺、设宴祝福等,可根据情况和条件选择适合的方式,也可以几种方式并用。

1. 口头

现场祝贺,音容笑貌、热情友好直接传达给对方,亲切而自然。若条件不允许,无法到场,通过电话(最好是看得见表情的可视电话)祝贺也很好。口头祝贺的用语应准确、简洁、热情。

2. 书面

用书面祝贺,如信件、贺卡,留有个人签名,更显郑重。现在通信发达,使用电子邮件、手机短信、发微博、制作视频等均可达到祝贺的目的。

3. 贺礼

雅称贺仪,不是祝贺仪式的简称,而是指祝贺时带去的礼物。如结婚礼物多是红包(现金)或实物。用印有双喜字的红包封上现金,送礼人在红包上写好祝贺语、签上姓名交给新人,或交由专人登记在册。现今随着网络的发达,出现了电子红包,如果因条件所限无法到现场祝贺,也可以采用电子红包的方式。贺喜红包的金额,一般以双数为宜。送实物,讲究喜庆、美观、实用,以家庭陈设品、生活实用品为主。以祝贺生日、寿辰为例,可送寿面或和"寿"字相关的物品,如松鹤图,意味永远年轻。

三、贺喜的技巧

1. 注意礼节

参加婚宴、寿宴、拜年等祝贺活动,要讲究礼节。平辈相见,以握手或行抱拳作揖礼为好,而晚辈向长辈祝贺新年、寿辰,宜行鞠躬礼,农村也有人行跪拜礼。长辈还礼，以握手或向众人抱拳作揖为宜。

2. 选择合适的祝贺语

"祝贺"这两个字中，"祝"即祝愿，偏重于未来的"愿景"；而"贺"，则是对现有美好事物的颂扬。

道贺应使用简洁、热情、友善、饱含感情色彩的吉语佳言，通常有一些惯用的祝贺语，例如，"恭喜、恭喜""我真为您而高兴"就是国人常用的道贺之语。"事业成功""学习进步""工作顺利""一帆风顺""身体健康""心情愉快""生活幸福""阖家平安""心想事成""恭喜发财"之类的吉祥话，大家也百听不厌。

同时要区分不同的对象和场合，选择合适的道贺之语。如在祝贺同行开业时，"事业兴旺""大展宏图""生意兴隆""财源滚滚"，恐怕是对方最爱听的话。在祝贺生日时，生日贺词以年龄不同有所差别，如对年轻人说"生日快乐"，而"老当益壮""寿比南山，福如东海"，是老寿星爱听的祝词。对新婚夫妇，使用"天长地久""比翼齐飞""白头偕老""百年好合""早生贵子"之类的祝贺语，能使对方更加陶醉在幸福与憧憬之中。而祝贺上司晋升，说"众望所归"之类比较得体，忌吹捧、献媚。

3. 注意避讳

要注意避开对方的忌讳。有些话本意不错，但可能犯某些忌讳，故应加以回避。例如，乘飞机者，不喜欢祝他"一路顺风"，因为这对飞机飞行有碍。香港人不爱听别人祝他"快乐"，爱讨"口彩"的他们，往往把"快乐"听成了与之发音一样的"快落"，那样就不吉利了。若明知一位小姐才疏学浅，事业上难有重大进展，那么就不该祝她"事业有成"，而代之以"生活幸福美满"更加合适。

实训演练

1. 在××公司工作的大学同学秦宏晋升为部门主管，你为此发去祝贺的短信。
2. 模拟参加老寿星生日宴会情景。
3. 模拟参加朋友结婚典礼的情景。

任务六　慰问与探望礼仪

国学小资料

包青天陈州放粮，赈灾济民

"众大臣在金殿呈奏保状，保为臣下陈州查案追赃。宋王爷恩赐臣站殿八将，三口铡一道旨带出汴梁。哪一个不遵法克扣粮饷，准为臣先斩首后奏君王。望娘娘开皇恩将臣赦放，我去到陈州地救民的灾荒。"这段豫剧《下陈州》的唱词很多人都熟知，包龙图陈州放粮的故事家喻户晓。

豫剧《下陈州》，也叫《陈州放粮》，其故事取材于小说《三侠五义》，讲的是北宋仁宗年间，陈州大灾，饿殍遍野，国舅等贪官污吏趁机搜刮民财，鱼肉乡里。包公为救灾民，于京城汴京（今开封）下陈州。包公冲破重重阻碍，进了陈州城，查清了国舅的罪恶，在金龙桥铡了国舅，开仓放粮，救了数万生灵，陈州百姓无不感激这位不畏权贵、清正廉明的"包青天"。

当然，这只是故事，历史上的陈州放粮，并没有小说和戏曲里那样惊心动魄、精彩迭出。

陈州在哪里呢？据有关专家考证，陈州地处河南淮阳。至今商丘仍流传着包拯放粮救济苍生的爱民故事。

经查证，在宋代的史料里，还没有发现包公陈州放粮的直接证据。间接的证据有包拯上奏仁宗的一封奏疏《请免陈州添折见钱疏》。包拯得知陈州的灾情后，奉命到陈州察访，回到京城就写了这封奏疏，反映陈州粮食歉收、农民缴不上皇粮的情况。在奏疏中，包拯请求皇帝特降诏书，令陈州百姓按大小二麦的市价缴纳现钱，或直接缴纳大小二麦。这一请求得到批准，使陈州百姓在大灾之年不再受"折变"（宋赋税输纳办法之一，实际上成为一种加税名目）之苦。元代的杂剧《陈州粜米》以及后来的戏剧《包公下陈州》、民间故事《包公放粮》，都是从这件事演绎而来的。

由于灾害频繁，赈灾工作在历朝历代都是政治生活中的大事。古代的赈灾措施不尽相同，最常见的抚恤措施是减免受灾地区的徭役、赋税。有的皇帝也直接赐钱，皇帝下诏赐物也很常见，另外还有皇帝派遣医疗队伍前往灾区救治。无论哪种方式，其目的都是为了安慰和安抚灾民，救济帮助他们渡过难关。

知识探究

一、慰问

慰问，即安慰、慰劳、问候之意，即对遭遇伤病、家人死亡、遭受灾害和挫折（如破产、失业、失恋、降职等）等陷于危困、痛苦的人或对社会做出贡献、付出辛劳的人，在精神、感情方面表示关怀、同情、抚慰，有时还需要送上慰问品。

1. 慰问的方式

（1）看望　关怀、慰问，需要亲自登门探望，把温暖送到人们心坎上。人在遭受创痛或孤独无助时，渴望亲情和关爱，通过问候、交谈、劝解、疏导、陪伴等，给予身处逆境、困厄之人以慰藉，尽可能缓解其精神上的苦恼与哀伤，使其稳定情绪，走出阴影，尽快恢复正常生活。

世间最悲痛的莫过于失去亲人，此时人们最需要情感上的安慰和实际的帮助。所以一旦得知熟人朋友有亲人去世，应视情况立即上门或亲手写慰问信、打电话、发短信等，表达自己的哀悼和慰问之情，并且尽可能参加逝者的葬礼。

对于为社会付出了辛劳、做出了贡献的人，社会要尊重、爱护他们。亲朋好友、单位负责人乃至国家领导人等前来看望、慰问，肯定其功绩和贡献，体现了社会的文明与进步。

（2）慰问语　慰问时态度要诚恳，语言要得体。视不同的慰问对象，奉上相应的慰问语。

病患者。对慢性病患者，应劝其不急不躁，安心调养。像"既来之则安之""病来如山倒，病去如抽丝"。对惧怕手术者，重在鼓励其勇气："手术只是微创。这是全市最好的医院，将由著名专家亲自操刀。不要怕，父母都在你身边。"慰问危重病人，重在安抚，不可添堵、添乱。如不要在病人面前谈论其真实病情，也不要与他人小声嘀咕。可偏重于饮食起居的问候，讲病人爱听的话题。

亡者亲属。对亡者亲属的安慰侧重于疏导思念亲人之苦，引导其多想、多看未来。如"这是自然规律，谁也无法改变，每个人都要面对，不必太难过。""过去的事不能复返，节哀顺变，未来的路还很长，还有好多事等待去做。"

失败、失意者。要开导他们不灰心、不抱怨，总结经验，吸取教训，树立信心，自强不息，再接再厉。像"留得青山在，不愁没柴烧""在哪里跌倒，就从哪里爬起来"。

贫困者、受灾者。及时救援，在提供物质帮助的同时，鼓励他们增强信心，战胜困难。

对社会有贡献者。应报着虚心求教的态度，强调学习、发扬他们的拼搏和奉献精神。

（3）慰问品　慰问对象不同，慰问品也不一样。救灾、济困，应以满足生存需要为主，一般送上生活必需品；慰问付出辛劳、做出贡献的人，可选择鲜花、匾额等；慰问伤病者，在我国崇尚送时令水果、营养品等。可是在西方，医院病房多不允许给病人送食品，以鲜花常见。鲜花能使人们精神愉悦，是合适的慰问品。

现在，在我国，给病人送鲜花也很时兴，但讲究也不少，如不送盆栽花，以弃久病生根之嫌。还有，我国人一般忌讳白、黄、蓝色花。另外，花色太艳，可能会令病者情绪烦躁；香味过浓，可能会引起病人呼吸道不适，易咳嗽，对刚做完手术的病人不利。一般而言，送兰花、水仙、康乃馨等品种配搭的花束或花篮比较受欢迎。

2. 慰问的忌讳

（1）调侃　慰问病人时嘻嘻哈哈，甚至调侃，这会给人感觉不是慰问，而是幸灾乐祸。

（2）悲伤　表情过于凝重、伤感，未曾说话已泪流满面。这会给对方造成更大的精神负担。

二、探望病人

在社交当中，人们免不了要探望生病的朋友或同事，给他们带去安慰和祝他们早日康复的祝愿。探望病人的方式得当，会给病人增添战胜疾病的信心和勇气。探望病人的基本礼仪如下。

1. 遵守院规

一般医院对探望病人都有规定的时间。所以，探望病人时应遵守医院的探望时间。否则，既会影响医院的正常工作秩序，又会影响病人的治疗和休息。探望病人最好避开休息时间，以免影响病人休息。

2. 了解病情

探望病人前，应当对病人所患的疾病和病情有所了解。要了解对方是住院治疗还是在家疗养，了解病情的程度和心理状态。这样一是防止传染，二是有利于选择合适的礼物和更好地交流安慰病人。如果探望患传染病的病人，最好等病人过了传染期再去探视，如果确实需要马上去，要尽量避免接触病人的用具、衣服，更不要带小孩去医院。

3. 言谈举止得当

病人在患病期间，心理状态比较特殊和敏感。因此，在探望病人时，如果语言不慎或举止不当，可能会增加病人的思想负担，强化他们的猜疑心理，给他们增添不必要的精神压力。

为此，探望病人时要注意：神态平和，举止自然，注意说话的语气。不要大惊小怪，增加病人的压力。如不要用惊讶的口气问："你怎么啦？""病重不重啊？"最好用平常的、温和的、自然的口气问："你今天感觉好多了吧？"谈话应尽量选择轻松愉快的话题，多谈病人关心感兴趣的事，以转移对方的注意力，减轻精神负担。探望重病人时，不要谈论病情，不要对医生的水平、治疗方法及用药妄加评论。探望病人，说话一定要同病人家属、医生的口径一致，以免引起病人的怀疑；更不可泄露需对病人保密的信息，以免影响治疗效果。要有分寸地用乐观的话语鼓励病人，不要提及使病人不愉快或有损病人自尊心的事情。

4. 掌握好时机和时间

注意选择适当的探视时间，一是要避开病人的休息时间，如清晨、中午、傍晚，以及吃饭前后等。二是探视时间并非越早越好。动大手术的病人或分娩的产妇，不宜在开头几天去探望，可让病人家属捎去问候口信，待其一定程度恢复后再去探视。探望时间不宜太长，一般不超过半小时，以免影响病人休息。

5. 精选礼物

探望病人一般要携带些礼物。但是，礼物的挑选要注意根据病人的病情，不可随便。选择探望病人的礼物，应更多地注重精神效应。如一本有趣的画册、轻松的消遣书、香味淡雅的鲜花（味太浓的花容易刺激病人）等。送鲜花前，最好打听一下，该病人及病房是否允许送鲜花。以下常识可帮助选择礼物。

（1）探望高血压、冠心病、胆囊炎、肾炎和高烧病人，应该带含有维生素的清淡食品，如新鲜水果、水果罐头、果汁等。

（2）糖尿病人、水肿病人，可以带含蛋白质的食品，如奶制品、蛋类、肉松等。

（3）气管炎、肺气肿、肺结核等咳嗽、咯血的病人，可送有补养、润肺、止咳作用的核桃、蜂蜜、银耳等。

（4）妇科病、贫血等病人或孕妇、产妇，适合带营养、补血的红糖、鸡蛋、鲜虾、奶制品和豆制品等。

（5）肝炎、低血糖等症，可带糖果、蜂蜜、大枣等。

（6）胃肠道疾病，适合带些易消化无渣的藕粉、麦乳精、果汁等。

（7）肿瘤病人，适合送香菇、人参、水果等。

下列食品是探望病人不宜携带的。

（1）糖尿病人，不能送各种糖果、甜点心、水果、果汁等含糖食品。

（2）急性胰腺病人必须禁食，只靠静脉输液维持。所以，探望时不宜送食品。慢性胰腺炎病人，因食物消化发生明显障碍，不能送高脂食物，如鸡、鸭、肉类、奶油、蛋糕等。

（3）胃和十二指肠溃疡病人，不宜送奶油蛋糕、橘子汁、杨梅露等含刺激性的食品。

（4）痢疾、肠炎病人，不能送香蕉、蜂蜜、奶油蛋糕、核桃等。

（5）胆囊炎、胆结石病人，不宜送含油量较多的食品。

实训演练

1. 模拟探望生病朋友的情景。
2. 同事因工作失误被上级狠狠批评并扣了奖金，下班后你特地去安慰他。

任务七　公共场所礼仪

国学小资料

"礼"的种类纷繁复杂，"礼"的样态千差万别，但都包含有某些基本要素。学术界对于礼的要素究竟包括哪几项，看法不尽一致，大体说来，有礼法、礼义、礼器、辞令、礼容、等差等几项。其中"礼法"是指行礼的章法、程式，包括行礼的时间、场所、人选，人物的服饰、站立的位置、使用的辞令、行进的路线、使用的礼器，以及行礼的顺序等。如果说礼法是礼的外壳，那么礼义就是礼的内核。礼法的制订，是以人文精神作为依据的。如果徒具仪式，而没有合理的思想内涵作为依托，礼就成了没有灵魂的躯壳。所以孔子反对行礼以器物仪节为主，强调要以礼义为核心。礼义所重，在于诚敬，无论冠婚、丧祭、射飨等，行礼者的体态、容色、声音、气息，都必须与之相应。《礼记·杂记下》："颜色称其情，戚容称其服。"《论语·乡党》记载了孔子在乡学、宗庙、朝廷等不同场合的礼容，表现了正直、仁德的品格和得体的行为举止，显示出孔子是个一举一动都符合礼的正人君子。礼容，即行礼者的体态、容貌等。

知识探究

公共场所是为社会公众提供活动和服务的地方。无论是大街小巷、绿地公园，还是影院剧场、图书馆、饭店，都需要人们自觉维护秩序，遵守公共场所礼仪。

一、公共场所的基本礼仪

（一）姿势规范

行走时身体端正自然，步伐稳健，速度适中，站立时头与身体不要歪斜，坐姿要避免仰躺在沙发上或跷着二郎腿。

（二）言谈文雅

在公共场所高声谈笑是不文明的行为，会招致别人的反感和厌恶。说话声音应自然轻声。向别人打招呼时，应点头微笑，愉快地说话。"对不起""请""您好""谢谢""拜托""麻烦您了""再见"之类的礼貌用语应经常挂在嘴边，形成习惯。

（三）行为得体

1. 大厅不宜逗留过久

在公共场所的大厅，比如酒店的大堂、剧院的休息厅、车站的候车室等场所，都不宜逗留过久，办完事情应该尽快离开。如果需要等人或者等车，也应该尽量保持安静，不能大声喧哗，嬉笑打闹。

2. 不要阻挡、妨碍他人通过

若不是万分必要，不要在公共场所与人拉手、挽臂、勾肩、搂抱而行。若是随身携带的包裹很多，不能随意乱放，应摆放整齐，以免影响他人。

3. 走廊、通道请靠右行走

在公共场所的通道或者走廊行走时，大家应该尽量靠右侧，将过道的左侧让出来，给有急事需要通行的人，这是国际通行的一种惯例。在公共场所的电动扶梯上也是一样。

4. 进出房门

首先要轻开、轻关，不能肘推、脚踢、膝顶等；其次，房门的开关需要配合相应的手势，当房门的把手在右侧需要用左手开门，把手在左侧需要用右手开门；公共场所的房间，若是门很宽阔，一般情况应请长者、女士、来宾先进入房门。若是需要开关房门，门又不是很宽，需要我们根据房门的开关方向来确定谁先行。引领尊者进入房门时，应该是：手拉门请对方先进，手推门自己先进，并做相应的指引手势。若出入房门时遇到对面有人，应侧身礼让。

（四）注意细节

修饰要避人，不在他人面前整理衣服和化妆打扮，如解衣扣、穿脱衣服、打领带、提裤子、整理内衣、检查裤子或裙子的拉锁、拉直下滑的长筒丝袜、脱鞋整理鞋垫、擦皮鞋、修指甲等。在公共场合化妆和补妆、左照右照，也是不尊重别人的行为。这些都需要避开他人视线，在无人处进行。

还要注意举止的细节，避免如抠鼻孔、挖耳朵、挠痒痒、抖腿、脱鞋、剔牙缝这些极不雅观的"小动作"。

对于不得已或无法控制的行为，如打喷嚏、咳嗽、擤鼻涕、打哈欠时，应用手帕、纸巾捂住口鼻，面向旁边，并与旁边的人说声"对不起"表示歉意。

二、各种场所礼仪

（一）参加仪式庆典等活动

（1）不迟到。

（2）依次进场，按指定位置入座。

（3）有贵宾或领导进场应欢迎。

（4）有奏国歌仪式时，应规范站立肃静，面向国旗行注目礼。

（5）不在中途走动或退场。

（6）不着艳妆，服饰整洁大方得体。

（7）手机调至无声状态。

（8）不吹口哨，不起哄，不喝倒彩。

（9）不看书报杂志。

（10）不吃零食，不把垃圾留在场内。

（11）积极配合主持人完成所有活动程序。

（二）观赏影剧、音乐会

1. 观赏影剧

（1）应穿上整洁的服装，女士可化淡妆，男士也应当稍作修饰。

（2）要提前几分钟到场，对号入座。看电影迟到了，可请服务员引导入座，行走时脚步要轻，姿势要低，不要在人行道上停留，以免影响他人。看戏迟到最好在幕间再入座，入座时身体要下俯，要向所经过的观众道歉，说一声："对不起。"如果别人坐错了你的位子，要轻声和蔼地再请他验看一下座号，不要引起争执。

（3）不要制造噪声。手机调至无声状态，不要在场内接打手机。不高声说话，观看已经看过的影剧，不要在下边讲解、介绍、评论。

（4）不要吸烟，不吃带皮带核的东西，不随地吐痰，不乱扔杂物，要注意脱下帽子，身体不要左右摇晃，两腿不要抖动，更不要脱鞋子，引起别人讨厌。

（5）热恋中的青年，应当自重，注意端庄，在公共场合过分亲昵是不文明的。

（6）看戏中途没有非常情况，不要离场，必须离开时，要等幕间。看电影不要在情节紧张、热烈时离场。离座时，要轻声地说"对不起""劳驾""借光"等，压低姿势，轻步退场。

2. 欣赏音乐会

听音乐会是一种很高雅的行为，不可因为失礼而导致尴尬的事情出现。听音乐会除了应具备观赏影剧的基本礼仪外，还有一些听音乐会的必要礼仪。

（1）注意着装。在国外通常要求正装出席音乐会。国内一般没有这样的要求，但穿着要整洁，大方得体。不能穿着短裤、T恤衫之类的休闲服装入场。若一些特定的音乐会有着特定的着装要求，是必须要遵守的。

（2）进场的时候要女士在前，男士在后。并且按照以右为尊的礼节，若男士与女士坐在一起，女士应该坐在右边。

（3）不能迟到，要提前或准时到场。如果迟到了，要等一首曲子结束才能入座。最好选择提前入场。提前入场有很多好处，可以平静自己的心气，从容等待音乐的沐浴，可以有充裕的时间阅读节目单上有关乐曲、乐队、指挥的详细介绍，避免演出过程中的匆忙翻阅。总之，提前到场是最重要的，这也是对演出团体和艺术家最起码的尊重。否则，在短暂的乐章间休息时入场，黑暗的观众席中不仅寻找座位麻烦，还会因为入座影响别人而招来一片白眼与不快。

（4）保持安静。音乐会是听觉的艺术，安静倾听是音乐会上最起码的礼仪，也是对表演者和观众最起码的尊重。要尽量避免携带那些容易发出干扰噪声的物件入场，比如塑料袋、塑料瓶、购物袋等。听音乐会的时候不能说话，连小声议论也是不允许的，坐在座位上也不要乱动，更不能吃东西。

（5）不能随意离座、走动。如果要去上厕所或者暂时离席，只能在两个曲目的间隙走动。

（6）把握好鼓掌的时机。假如观看的是东北二人转或者是相声小品，那么使劲儿鼓掌都没关系，因为这类演出越鼓掌气氛越热烈演员越开心。欣赏音乐会可以在乐队指挥或独唱、演奏演员出场的时候鼓掌，每个曲目演奏结束后鼓掌。在音乐厅看歌剧也可以在歌剧表演者唱了一个咏叹调之后鼓掌，以表达你的赞誉。但在交响乐音乐会上，鼓掌就是一门很大的学问了。适当的掌声是观众对演奏者的响应。西方古典乐曲之中一般有许多章节，而乐章与乐章之间往往一气呵成，所以在一首乐曲还未完时最好不要鼓掌，观众应该在整首乐曲演奏完毕之后鼓掌。有些大型作品有若干乐章组成，乐章与乐章之间有短暂的间隔，甚至有的乐章还带有雄壮的结束感，但恰恰这里不能鼓掌（因为整部作品还未完），否则会闹出笑话。有一个判断乐曲结束的小窍门：音乐会的节目单对听众有提示作用。

（7）欣赏音乐会，看完整场才能离场，中途不能主动退场，结束时应礼貌鼓掌向演奏者致谢，演奏全部结束时，应在座位上停留片刻，不要急于退场，更不能只顾起身，任由椅垫乒乓作响。待演奏者谢幕时，全场起立鼓掌，你应一手按住椅垫一边慢慢起身，使椅垫慢慢翻起在椅背上，然后和听众一起鼓掌表示对演奏者的尊敬，最后方可退场。

（8）感冒生病不要参加音乐会。第一，感冒了再出来受冻，会加重病情，得不偿失。第二，若在音乐演奏时出现流鼻涕、咳嗽、打喷嚏等人自身很难控制的行为，会严重干扰影响其他听众。第三，有可能传染他人，很不礼貌。

（三）乘车

（1）遵守相关规定。

（2）依次排队，不要拥挤，不要"夹塞"，也不要往车道上挤。

（3）上车要按次序，有老人、小孩、病人等需要帮助的人上下车，要扶助一下。

（4）上车后不争先恐后地抢座位，要往车厢中间走动。对病人、老人、残疾人、孕妇和抱小孩的妇女等要主动让座。

（5）站立在车厢中时要扶好站稳，以免刹车时碰着、踩着别人，碰了别人要道歉。

（6）下雨天乘车，在上车前应把雨伞折拢，雨衣脱下叠好，不要把别人的衣服弄湿。

（7）乘车不要携带很脏的东西，以免弄脏别人的衣服，必须带上车的，要招呼别人注意，并放到适当的地方。

（四）购物

（1）呼唤营业员时，语气要平和，不要用命令式语气高声呼叫。当营业员正忙于接待别的顾客时，要耐心等待一下，不要急不可待地高声叫喊，指手画脚或手敲柜台。

（2）挑选商品时，不过分挑剔，时间过久会影响营业员为别人服务。挑选后不满意时，可以请营业员把商品取回，要说一声"劳驾了"。挑选多次时，可以说一声"对不起！给你添麻烦了"。

（3）买完商品离开时，不要忘记向为你提供服务的营业员道一声"谢谢"。

（五）去餐馆

（1）到餐馆去，要衣着整齐，穿着得体。不要只穿背心、短裤或敞胸露怀进入餐馆。

（2）如果没有预订位置，要请服务人员帮助安排。进入饭店，如有座位，应当尽快入座，以免影响他人。暂时没有位置时，应当耐心等待。确实不能久等的，可以和服务人员讲明情况，仍不可以时，换个饭店，避免发生口角。

（3）要尊重服务人员的人格和劳动。对服务人员要予以配合，不要颐指气使，不把人呼来唤去，不提过分要求。如果出现问题，应当平静地说明情况，讲清道理。不要激动，不要暴躁。实在讲不通时，应请他们的负责人来协调解决。

（4）离开时不要忘记对服务人员说声"谢谢""辛苦了""再见"。通过其他席位时，要轻捷、肃静。不要交头接耳、慢慢腾腾，甚至吆吆喝喝、前呼后拥。要始终保持一种稳重、平和、文雅、自信的风度。

实训演练

分别模拟各种公共场所的情景，展现礼仪规范。

模块七　职场礼仪

学习目标

一、知识目标

了解古人敬业的思想。

了解古今拜师礼仪的内涵及要求。

了解师徒文化和现代学徒制。

掌握求职礼仪、师徒礼仪、工作场合礼仪的具体规范及要求。

二、能力目标

熟悉求职过程各环节，能作出较为完善的求职计划。

掌握面试各环节礼仪。

面试现场，能得体着装，礼貌大方自信地应对考察。

能主动自觉维护工作场所的整洁。

能根据职场的不同场合与对象自觉而恰当地运用职场礼仪。

能大方得体地与上级和同事相处，建立和谐的人际关系。

三、素质目标

树立尊师重教的观念。

树立爱岗敬业、遵守职业道德的观念。

情景导入

镜头一

某单位招聘面试正在进行中,休息室里坐满了等候面试的人。有人充满自信,志在必得;有人紧张异常,一遍遍地背着自我介绍。面对众多的求职竞争者,李小倩不以为然地笑笑,从包里拿出化妆盒补妆,又用手拢拢头发,心想:我高挑的个子、白皙的皮肤,还有这身够靓的打扮,白领丽人味道十足,舍我其谁?叫到李小倩的名字,李小倩从容进入考场。按面试官的要求,她开始做自我介绍:"各位好!我是××师大中文系毕业班的学生李小倩。在校期间,我的学习成绩优良,曾担任两届学生会文艺部部长……我还有很多业余爱好,比如演讲、跳舞啊,我拿过奖呢!对于我的公关才能和社交手腕我是充满自信的。"一边说着,李小倩一边从包里拿市交谊舞大赛和校演讲比赛的获奖证书,化妆盒不小心跟着掉了出来,各式的化妆用品散落一地。她乱了手脚,慌忙捡东西,抬头对着考官:"不好意思!"考官们不满的摇头。考官甲:"小姐,麻烦你出去看一下我们的招聘条件,我们这里是研究所。你还是另谋高就吧。"为什么考官请李小倩另谋高就?她的问题出在哪里?

镜头二

谢莉莉大学毕业后不久在某公司就职,她性格开朗、活泼,朋友非常多。朋友多,电话自然也很多。谢小姐上班时总要接一些私人电话。接到朋友的电话,谢莉莉总是很高兴,她常常旁若无人地与朋友谈笑风生,似乎总有说不完的话。可是,她没有觉察到周围同事们那责备的目光。

任务一 求职礼仪

国学小资料

 小故事

毛遂自荐

据《史记·平原君虞卿列传》载，毛遂是战国时期赵国平原君的门客。赵孝成王九年，秦兵攻赵，平原君奉赵王之命到楚国求救，毛遂主动请求随同前往。到了楚国，平原君跟楚王谈了一上午都还没有结果。毛遂挺身而出，陈述利害关系，楚王最终答应决定楚赵联合抗秦，派春申君带兵去救赵国。避免了一场杀人屠城的惨剧。毛遂也因此声威大震，并获得了"三寸之舌强于百万之师"的千古美誉，可谓一战成名。后来人们就用"毛遂自荐"比喻自己推荐自己担任某项工作或做某事。

毛遂瞅准了时机，最终自荐成功，在上司万分危急而又束手无策时挺身而出，显示出非凡的自信和过人的才华，找到了自己的用武之地。这个故事对于我们当今大学生求职也有一定启示，在求职中我们既要谦逊，也要善于抓住时机，充分展现自身才能。

知识探究

大学生毕业就业时，面试是一个非常重要的过程，有些同学在这个过程中感到不知所措，或者做得不恰当，导致求职失败。在求职过程中注意以下基本礼仪和技巧，有助于我们在求职面试中取得成功。

1. 注意个人形象

当你敲门以后，面试官第一眼看到的就是你的仪容打扮。

做好个人清洁，发型整理。得体着装，整洁、大方、成熟、干练而又不失青春朝气。男生可着西服，展现男子汉的气魄和魅力。女生可穿庄重典雅的服装，如职业化的套装、套裙或其他服装，注意色彩、款式、细微饰物的搭配，鞋的选择等，做到活泼又不失庄重。款式要简洁，颜色不要过于艳丽或者太杂乱，不要太短小，更不能太露或者太透。女生不可浓妆艳抹。

注意正确的站、坐、行姿，做到大方、规范。

2. 遵时守信

求职者一定要遵时守信，千万不要迟到或毁约。迟到和毁约都是不尊重主考官的一种表现，也是一种不礼貌的行为。

3. 放松心情

许多求职者一到面试点就会产生一种恐惧心理，害怕自己思维紊乱，词不达意，出现差错，以致痛失良机。于是往往会因为紧张而出现心跳加快、面红耳赤等情况。此时，应控制自己的呼吸节奏，努力调节，尽量达到最佳状态后再面对招聘考官。

4. 以礼相待

求职者在等候面试时，不要旁若无人，随心所欲，对接待员熟视无睹，自己想干什么就干什么，给人留下不好的印象。对接待员要礼貌有加，也许接待员就是公司经理的秘书，办公室的主任或人事单位的主管人。如果你目中无人，没有礼貌，在决定是否录用时，他们可能也有发言权，所以，你要给所有的人留下良好的印象，而并非只是对面试的主考官。面试时，自觉将手机关掉。

5. 入室敲门

求职者进入面试室的时候，应先敲门，即使面试房间是虚掩的，也应先敲门，千万别冒冒失失的推门就进，给人鲁莽、无礼的感觉。

敲门时要注意敲门的力度和速度。可用右手的手指关节轻轻地敲三下，问一声：我可以进来吗？待听到允许后再轻轻地推门进去。

6. 微笑示人

求职者在踏入面试室的时候，应面露微笑，如果有多位考官，应面带微笑的环视一下，以眼神向所有人致意。

一般而言，陌生人在相互认识时，彼此会首先留意对方的面部，然后才是身体的其他部分。真诚、自然、由衷的微笑，可以展示一个人的风采，有利于求职者塑造自己的形象,给人留下美好的印象。

求职者与主考官相识之后,便要稍微收敛笑容,集中精神,平静的面容有助于求职者面试成功。

7. 莫先伸手

求职者进入面试室,行握手之礼,应是主考官先伸手,然后求职者热情回应,用右手相握。若求职者拒绝或忽视了主考官的握手,则是失礼。若非主考官主动先伸手,求职者切勿贸然伸手。

8. 请才入座

求职者不要自己坐下,要等主考官请你就座时再入座。主考官叫你入座,求职者应该表示感谢,并坐在主考官指定的椅子上。

如果椅子不舒适或正好面对阳光,求职者不得不眯着眼,那么就最好提出来。

9. 递物大方

求职者求职时必须带上个人简历、证件、介绍信或推荐信,面试时一定要保证不用翻找就能迅速取出所有资料。如果送上这些资料,应双手奉上,表现得大方和谦逊。

10. 大方自信、沉着应对

注意倾听,做到眼到、耳到、脑到。回答问题自信而又谦逊。有问必答,吐字清晰,心平气和,言语不慌。不要东张西望,少做手势。目光与主考官适度交流,不可低头回避对方视线,也不可一味地盯着对方眼睛。

11. 有始有终

面试结束时,礼貌地向主考官致谢并告别。出公司大门时对工作人员表示感谢,不要过早打听结果。

实训演练

1. 讨论回答本章开头情景导入中李小倩求职中出现的问题是什么?
2. 模拟演示求职面试过程,展示规范礼仪。

任务二　师徒礼仪

国学小资料

1. （仲春之月）上丁，命乐正习舞，释菜。

——《礼记·月令》

"释菜"，亦作"释采"，古代入学时祭祀先圣先师的一种典礼。

2. 春，入学，舍采合舞。

——《周礼·春官·大胥》

舍采合舞，郑玄注："舍即释也。采读为菜。始入学必释菜，礼先师也。菜，蘋蘩之属。"

3. "冬至节，释菜先师，如八月二十七日礼。奠献毕，弟子拜先生，窗友交拜。"

——《南宫县志》

4. 经师易求，人师难得。

——《北周书》

 小故事

曾子避席

仲尼居，曾子侍。子曰："先王有至德要道，以顺天下。民用和睦，上下无怨。汝知之乎？"曾子避席曰："参不敏，何足以知之？"

——《孝经》

曾子是孔子的弟子，有一次他在孔子身边侍坐，孔子问他："以前的圣贤之王有至高无上的德行，精要奥妙的理论，用来教导天下之人，人们就能和睦相处，君王和臣下之间也没有不满，你知道它们是什么吗？"曾子听了，明白老师孔子是要指点他最深刻的道理，于是立刻从坐着的席子上站起来，走到席子外面，恭恭敬敬地说道："我不够聪明，哪里能知道，还请老师把这些道理教给我。"

在这里，"避席"是一种非常礼貌的行为，当曾子听到老师要向他传授时，

他站起身来，走到席子外向老师请教，是为了表示他对老师的尊重。曾子懂礼貌的故事被后人传诵，很多人都向他学习。

知识探究

一、师徒文化

师徒文化的历史源远流长，可以说是中国古代在职业教育理念上的贡献。

春秋战国时期的鲁班、扁鹊、墨子等人的教育模式是师徒传承。在封建时代，由于生产经营规模的扩大或家族传承技艺的迫切需要，一些较大规模的手工业作坊，如铁铺、裁缝店、泥木工匠、手工艺人等作坊，都会相应地招收适量的青少年甚至儿童充当其学徒。他们当中有的既是自己的子嗣也是自己技术独一无二的传人；有的虽然是外姓，但由于从小就寄养在师傅的家中，耳濡目染，自然也就成为师傅技艺的接班人。青少年学徒的成长，主要靠师傅在生产实践中点拨和自身经验积累逐步得到提高。师傅的职责则是传授技艺，徒弟则一心学习，以求掌握技术。等到青年学徒们能独立工作后，便称之为"出师"。在理想状态下——即满足家族内部传承的条件，师傅（祖父或者父亲）会把他多年的工作实践中积累的丰富知识和宝贵经验，毫无保留地传授给他的徒弟（儿子或者孙子），徒弟成为师傅以后，又把他的知识和技艺传授给他的徒弟，可谓"子子孙孙无穷匮也"。不过，技艺高超的师傅们出于技术保密以及谋生等因素的考虑，同时也是由于当时社会和国家并没有形成今时今日之各种社会保险福利制度，因而就算徒弟有强烈学习技艺的要求，师傅也往往不会把所有的技术传给徒弟。这就构成了师徒关系之间的矛盾，甚至是两者之间利益的博弈。最终的结果不外乎可能是徒弟对技艺的学习只能另辟蹊径或者干脆放弃，由此也就成为古代诸多技术失传的原因，更成为今人之憾事。

二、师徒礼仪

（一）古代拜师礼仪

古代拜师礼仪一般有以下的程序。

第一，拜祖师、拜行业保护神。表示对本行业敬重，表示从业的虔诚，同时也是祈求祖师爷"保佑"，使自己学业有成。

第二，行拜师礼。一般是师父、师母坐上座，学徒行三叩首之礼，然后跪献投师帖子。

第三，师父训话，宣布门规及赐名等。训话一般是教育徒弟尊祖守规，勉励徒弟做人要清白，学艺要刻苦等。

第四，弟子向老师赠送"束脩六礼"。"束脩六礼"是古代入学拜师时，学生需要提供给学校或者先生的六种带有特殊寓意的礼品。

古时六礼如下。

芹菜，寓意为勤奋好学，业精于勤；

莲子，莲子心苦，寓意为苦心教育；

红豆，寓意为红运高照；

枣，寓意为早早高中；

桂圆，寓意为功德圆满；

干瘦肉条，谢师恩，表达弟子心意。

第五，老师回赠礼品。

（二）现代师徒礼仪

1. 现代师徒制

师徒制在企业生产经营的构建序列中占据着不可代替的地位。2014年8月25日，教育部以教职成〔2014〕9号印发《关于开展现代学徒制试点工作的意见》，2015年8月5日教育部办公厅公布了遴选出的165家首批现代学徒制试点单位和行业试点牵头单位。2017年1月22日印发的《教育部2017年工作要点》（教政法〔2017〕4号）对于启动第二批中国特色现代学徒制试点提出了要求。2017年4月6日教育部办公厅又发出了《关于做好2017年度现代学徒制试点工作的通知》（教职成厅函〔2017〕17号）。

对现代企业而言，建立师徒关系的目的主要是为贯彻落实企业的学习文化理念，加强企业后备人才队伍建设，充分发挥优秀技术、管理、技能人才在员工培养中的传帮带作用，使新员工尽快掌握岗位业务技能，促进其尽快成长，为企业的科学发展和加快发展提供人力资源保证。在公司企业的实际运行中，它的表现形式就是师徒结对。企业一般会采取"一对一"或"一对多"的结对形式，原则上每一名导师在同一时期带徒不超过两名。

2. 现代师徒礼仪

按照企业的要求，师傅和徒弟必须做到以下几点。

第一，师父根据企业的安排，依据生产管理的实际情况和徒弟的学历、技能等基本情况，制定适应徒弟职业生涯发展的书面教学计划，并按季度分解目标和任务；

第二，徒弟根据企业的安排，刻苦专心学习技艺，尊重师父的劳动和付出，加强实践锻炼，主动承担工作任务，在实践中不断提高思考、分析和处理问题的能力。

3. 现代拜师礼仪

现代拜师礼仪的主要程序一般如下。

（1）师徒互戴红花　由徒弟首先为师父戴上象征荣誉的红花。

（2）徒弟向师父敬拜师茶　徒弟站立，弯腰鞠躬，然后双手捧茶，向师父敬上。师父双手接徒弟所敬的拜师茶。

（3）师徒签订导师带徒协议　根据企业相关规章制度要求，师徒双方签订《协议》，在协议书上落下最为庄重、神圣的一笔。

（4）师徒合影　徒弟恭敬地立于师父身后，以示尊敬。当然，现代的师徒关系基本都是良性竞争，推崇双赢，因而形式上也会灵活多变。

实训演练

1. 课外收集有关师徒礼仪的故事、成语。
2. 讨论：实习和工作中，我们自己该如何尊敬自己的师傅？

任务三　工作场所礼仪

国学小资料

君子敬而无失，与人恭而有礼，四海之内，皆兄弟也。

——《论语·颜渊》

 小故事

张敞敬业

《汉书·张敞传》上记载着张敞敬业的一个故事：张敞做京兆尹（当时京城的最高官吏）将要去职的前几天，叫手下一个小吏去办理案件。这个小吏拖延不办，并且私自回家了。小吏家人劝他不要这样，他答曰："五日京兆耳，安能复案事？"意思是说，张敞他还有五天就离职了，还办什么案子呢？张敞知道后，惩处了这个小吏，亲自办了这桩案子才离职而去。由此可见古人的敬业精神，即便将要离职，也要"站好最后一班岗"。

知识探究

掌握并恰当地运用职场礼仪有助于完善和维护职场人的职业形象，做一个成功的职业人。成功的职业生涯并不一定需要你才华横溢，但在工作中却要有一定的职场技巧，恰当得体地与人沟通，这样才能在职场中赢得别人的尊重，顺利与他人交流合作，工作才能得心应手。

一、同事相处的原则

1. 真诚合作

有团队精神，真诚合作，相互尽可能提供方便，共同做好工作。

2. 诚实守信

对同事交办的事要认真办妥，遵守诚信。如自己办不到应诚恳地讲清楚。

3. 宽以待人

在工作中，对同事要宽容友善，不要抓住一点纠缠不休，要明白"人非圣贤，孰能无过"的道理。

4. 公平竞争

不在竞争中玩小聪明，公平、公开竞争才能使人心服口服，应凭真本领取得竞争胜利。

5. 不拉帮派，不搞小团体

维护和发展正常的同事关系，跟每一位同事保持友好的关系，尽可能跟不同的人打交道，避免牵涉入同事间的争斗。不搬弄是非，努力赢得别人的信任和好感。

二、与上级相处的原则

（一）原则

1. 尊重上级

树立领导的权威，确保有令必行。愉快地完成上司交办的任务，并在工作中体现自己的创造性，如果确实完不成的要主动向领导说明原因。对领导的决策不背后评判，更不能通过贬低领导来抬高自己。不能因个人恩怨而泄私愤、图报复，有意同上级唱反调，有意损害其威信。

2. 理解上级

在工作中，应尽可能地替上级着想，为领导分忧。

3. 支持上级

只要有利于事业的发展，有利于工作，就要积极主动地支持上级，配合上级开展工作。

（二）注意事项

上下级要保持一个和谐、融洽的关系，需要注意以下两点。

1. 不能"越位"

在职场中，权力代表着一种威严。领导者与被领导者之间并不存在不可逾越的鸿沟，但是社会客观上却赋予这两者以不同的社会职能。就被领导者来说，在工作上，不能超越自己的一定范围内的权限，不能越俎代庖。如果下级替代了上级，会招致上司的不满，还会给工作造成混乱。下级要服从上级领导，要严格按照上级的指示工作，并维护上级的威信。尊敬上级，争取上级的帮助和支持。认清自己工作的位置和地位，识大体、顾大局，尽可能地帮助上级排忧解难。

2. 上下级关系要摆正

摆正位置是搞好上下级关系的前提，也许有人会认为，与上级相处就是服从，完成其交办的任务。其实远非如此。作为被领导者来说，如果过傲，易把关系搞僵；过俗，易把上下级关系搞成权钱关系；过媚，易使正直的上级反感。因此，被领导者的正确做法是对领导热情而不过火，大方相处，不缩手缩脚。不管自己同上级的私人关系有多好，在工作中都要公私分明。不要有意对上级套近乎、溜须拍马；也不要走另一个极端，不把上级放在眼里。上下级关系是一种工作关系，作下属时，应当安分守己。

三、公司员工礼仪规范

良好的职业风范可以体现员工的基本素质并帮助企业树立良好的企业形象。作为员工，应注意自己在工作期间的仪容、言谈举止、待客接物等言行的规范。

1. 职业形象

（1）工作期间，保持严肃、认真、合作、进取的工作态度和乐观、友好、自信、积极向上的精神面貌。

（2）着装应符合职业要求或单位规定。

（3）仪表端庄、整洁。男士不留长发和奇怪的发型；女士不可浓妆艳抹，可化淡妆，发型清爽、利落，不做夸张造型，不用香味浓烈的香水。

2. 办公室礼仪

（1）遵守时间，不迟到早退。

（2）上下班时，要微笑着向同事问好和再见；相遇时点头微笑示意。

（3）工作时间内，同事间应以职务或名字相称，避免使用私人间的称呼。

（4）注重交流合作，团结协作，为共同的工作目标努力。

（5）谈话时应避免滥发言论、私自议论有关公司职务、薪资及人员方面的事务或评论同事和上级。不在网上传输、发布有关公司内禁止或不宜出现的内容，不做与工作无关的任何事情。

（6）办公时间不擅离工作岗位。如需暂时离开，应向同事打招呼，说明去向；如有急事需外出，则应履行请假手续。

（7）工作时间，避免私人朋友来访。

（8）正确使用单位物品及办公设备，摆放有序，细心维护。

（9）在岗工作时不聚集聊天、嬉闹、吃零食。

（10）不在办公区域高声喧哗，办公室内避免争执或争吵。

（11）注意保持整洁的办公环境，不得随地吐痰、乱扔垃圾，不在办公区域进食或在非吸烟区吸烟。

（12）使用电话时，注意语言简明，音量适中，以免影响周围工作人员。适时调整手机铃声，办公区域内适当调低，学习或会议中则需要关闭铃声。

（13）注意办公室的电话安全；代接同事办公电话，做好必要记录并及时转达；不要使用公司电话拨打私人电话。

（14）上下楼或乘坐电梯时注意礼让；遇到客人让客人先行。

（15）个人的工作资料、个人物品、现金等请妥善保存，以免丢失或损坏，养成随时锁柜、锁门的良好习惯；资料保密，机要文件放在档案柜，电脑必须设密码，桌面不要放一些涉及部门机密的文件。

（16）未经许可，不得随便翻阅同事的工作夹、笔记本、电脑、抽屉或其他物品，更不要随便拿走。

（17）下班前检查所有用电设施，饮水机、灯、电源插座，确定断电后再离开。

四、工厂车间人员礼仪规范

生产部门是企业重要部门之一，生产部门人员的行为规范，关乎着产品质量的稳定、生产任务的完成，同时与企业形象休戚相关。

（1）着装大方整洁，并符合岗位要求或单位规定，尤其要遵守涉及生产安全的着装规定。

（2）上岗前，需严格认真阅读相应岗位职责，严格遵守各项职责，履行好本职责任。

（3）严格按照各种操作规范进行作业，切实遵守公司各项生产规章制度。

（4）不迟到、早退、无故旷工，有事须请假。

（5）保持好车间卫生，所有物品摆放整齐，井然有序。

（6）礼貌对待到访客户以及参观客

人，做到礼貌、热情，树立企业形象。

（7）工作期间不要嬉戏打闹，务必注意生产安全，避免意外伤害事故。

（8）工作期间严禁出现吸烟、饮酒等影响正常生产作业的行为。

实训演练

1. 模拟出入领导办公室汇报工作的情景。
2. 模拟车间工作的情景。
3. 情景模拟：办公室的一天。

模块八　习俗礼仪

学习目标

一、知识目标

了解中国传统人生习俗、节日礼俗的种类、内涵、形式。

理解人生礼俗、节日礼俗的意义。

掌握人生礼俗、节日礼俗的规范。

二、能力目标

能主动践行、恰当运用人生礼仪和节日礼仪，做到入乡随俗，避免犯忌。

促进人际交往、和谐人际关系。

三、素质目标

正确认识人生，激发对人生的热爱，树立积极、乐观的人生态度。

树立对自己、家庭、社会的责任感。

增强对中华优秀传统文化的认同与热爱，增强民族文化自信心。

情景导入

闹元宵，猜灯谜

"三五良宵，花灯吐艳映新春；一年初望，明月生辉度佳节。"又是元宵佳节到，公园里正在举行"感受传统 乐享元宵"游园活动。此外，还有一系列地域特色明显、文化传统独特的年俗文化活动，使喜庆的年味儿中透出浓浓的文化气息。

李菁菁和她的同学也兴高采烈地现场品尝了画糖人、糖葫芦、龙须糖等传统小吃，欣赏了捏泥人、书法秀、刺绣、剪纸等传统手工艺，参与了摸福字、许愿廊等丰富多彩的活动及趣味十足的套圈、踢毽子、跳皮筋等青春怀旧游戏。接着她们又参加了猜灯谜的活动。同学，下面的灯谜，你能猜出来吗？

1. 爷爷当先锋。（打一南北朝人名）

2. 落花满地不惊心。（打一东晋人名）

3. 降落伞。（打一古人名）

4. 又一个星期。（打古代文献名）

5. 南北安全，左右倾斜。（打成语一句）

6. 美哉嘉陵。（打中国一地名）

7. 赤兔（打一字）

8. 望断南飞雁。（猜一日常礼貌用语）

9. 金银铜铁。（打中国一地名）

10. 坐船规则。（打一数学名词）

11. 你一半，我一半。（打一字）

12. 人言此山天外来。（打一书名）

任务一　人生礼俗

国学小资料

乾隆皇帝寿联趣谈

乾隆皇帝是一位很有作为的君主，但他到了晚年却不再励精图治，而是好大喜功，乐听奉承。他曾经六下江南，挥霍无度，还自誉为"十全武功""十全老人"。他八十岁那年，传旨庆贺大寿。群臣都揣摩皇上的心意，有人搜求奇珍异宝以作寿礼，有的文官则搜肠刮肚写诗撰文，用尽了阿谀之辞，都想在寿宴之上以博一宠。只有《四库全书》总纂官纪晓岚整天忙于编书，心无旁骛。

寿宴那天，大臣们上贡的上贡，献礼的献礼，吟诗的吟诗，颂文的颂文，可乾隆看着摇头，听着也摇头。他见纪晓岚站在一旁不声不响，心中有点不高兴，问道："纪爱卿，你的寿礼呢？"纪晓岚连忙跪下禀道："秀才人情半张纸，微臣只有寿联一副敬献陛下，愿陛下万岁，万岁，万万岁！"说毕，从袖中取出寿联，朗声念道：

八千为春，八千为秋，八方向化八风和，庆圣寿，八旬逢八月；

五数合天，五数合地，五世同堂五福备，正昌期，五十有五年。

乾隆听后大喜道："爱卿不愧才子，做得如此好联。今天只有你这寿联最合朕意。来人，赏银！"众大臣也都对纪才子这副寿联赞叹不已。原来这一年既是乾隆八十大寿，又是他即位的第五十五年。上联巧借乾隆八十寿辰又在八月，连用六个"八"字；下联则紧扣乾隆即位年数中的两个"五"，对了六个"五"字。全联确实气酣势畅，构思巧妙，对仗工整。而当你把每一句的最后一个字连起来读，就成了"春秋和寿月，天地备期年"，意思是，您的寿辰与春秋同在，您的江山与天地共存。无怪乎乾隆皇帝要开心地奖赏纪晓岚了。

常见的年寿代称语

总角：指代童年、幼儿。

豆蔻：指代13岁、14岁的少女。

弱冠：指代男子20岁，已成年。

花信：20岁左右女子。

而立：指代30岁，常言道"三十而立"。

不惑：指代40岁，后来专指男子40岁。

知命：指代50岁。

花甲：指代60岁。

古稀：指代70岁。

耄耋：指代八九十岁的老年人。

期颐：100岁老人。

生日的特定称谓

弄璋：指男孩诞生。

弄瓦：指女孩诞生。

悬弧之辰：指男子生日。

悬诞之辰：指女子生日。

知识探究

人生礼俗是指在生命过程的不同阶段所必须经过的具有一定仪式的行为过程，主要包括诞生礼、寿诞礼、成年礼、婚礼和葬礼。这是社会制度对个人的地位规定和角色认可，也是一定文化规范对个人进行人格塑造的要求。

一、生育礼俗

诞生是人生的开始,诞生意味着家庭血脉的繁衍与继承。在中国传统文化氛围下,家庭、家族乃至整个社会对人的诞生都非常重视。

1. 报喜

婴儿的出生是一件非常重大的事情,要立即向娘舅家报喜,有的地方,报喜的礼品往往是一只鸡,如果生男孩就送一只公鸡,如果生女孩就送一只母鸡;也有的地方送蛋,单数为男,双数为女;广东、广西等地方则送荔枝、龙眼等。报喜的目的除了表示与亲戚分享得子的喜悦外,同时含有便于娘舅家备办婴儿衣帽等日常用品的意思。

2. 产妇"坐月子"

产妇在生产的一个月内不能做事、不能出门,要精心调养。

生儿育女本来是妇女的一种特殊功能,但在人类发展史上,"男人分娩""男人坐月"也并非天方夜谭、危言耸听。人类学、民族学把这种奇特的习俗称之"产翁制"或"产翁坐褥"。"产翁制"在中外的许多民族中普遍而长期地存在过,在我国主要盛行于一些少数民族。所谓"产翁制",就是男子在其妻子生产期间,模拟妻子"分娩",或在妻子分娩以后装扮成产妇卧床抱子,代替妻子"坐月",而真正的产妇则照例外出干活,并为卧床"坐月"的丈夫准备饮食。在这里,模拟妻子"分娩",代替妻子"坐月"的产妇之夫便称之为"产翁"或"产公"。《太平广记》:"南方有獠妇,生子便起,其夫卧床褥,饮食皆如乳妇。"獠是我国古代的一个少数民族,今天主要指分布于贵州、广西地区的仡佬族的先人。

3. 洗三

洗三又叫"贺三朝",是家庭、家族、亲朋好友庆贺添丁进口的仪式。在某些地方婴儿出生三天时,主人会请一位福寿双全的老太太主持洗三仪式,为婴儿洗身,一边洗,一边念诵祝福的喜歌。洗浴完毕,主人备酒菜或汤面招待亲朋好友,俗称"汤饼筵",也叫"吃三朝酒",亲朋好友则说一些长命百岁之类的吉利话。"洗三"仪

式的举行意味着人生的开始并得到社会的正式认可。

4. 抓周

也称周晬、周岁礼。此时的婴儿已能牙牙学语、蹒跚学步，即将步入一个新的人生阶段，于是便有了"抓周试晬"的习俗。这一天，家长以文房四宝、算盘、农具、秤尺、剪刀、玩具、糕点等放在桌子上，任婴儿抓取，用以预卜其志趣、前途和将要从事的职业。

如果小孩先抓了印章，则谓长大以后，必承天恩祖德，官运亨通；如果先抓了文具，则谓长大以后好学，必有一笔锦绣文章，终能三元及第；如是小孩先抓算盘，则谓将来长大善于理财，必成陶朱事业。如是女孩先抓剪、尺之类的缝纫用具或铲子、勺子之类的炊事用具，则谓长大善于料理家务。反之，小孩先抓了吃食、玩具，也不能当场就斥之为"好吃""贪玩"，也要被说成"孩子长大之后，必有口道福儿，善于'及时行乐'"。总之，长辈们对小孩的前途寄予厚望，在一周岁之际，对小孩祝愿一番。

二、寿诞礼俗

作为一个农耕文明发达的国度，人丁的兴旺决定着国家的繁荣。中国又曾是一个重血缘的宗法制国家，子嗣的繁衍意味着家族的昌盛。因而，人们特别看重生老病死、婚丧嫁娶的礼仪，以表达丰富多彩的情感。寿诞，一般指生日庆贺，尤其在以十为整数的年份，如五十岁、六十岁、七十岁、八十岁的生日时举行的庆贺仪式。贺寿时使用物品有寿帐、寿烛、寿桃、寿面等，寿帐寿联都用以书写祝福的话，寿面代表绵长，象征着人的长寿。

寿，是年龄久长之称。古时候，人有上中下寿之分，100岁称上寿，80岁称中寿，60岁称下寿。所以年轻人庆祝生辰，只能称"做生日"，不能称"做寿"，要年达60以上者庆祝生辰，才可称为"庆寿"。古人将寿与生日的界限定在六十岁，这和中国传统历法中的天干地支有很大关系。天干地支每六十年一个轮回，古人认为人过了六十，即意味着他已度过一个宇宙周期。由此产生六十岁做寿的习俗。

在民间有"十全为满、满则招损""贺九不贺十"的说法，因而采取虚年做寿的方式，60、70、80虚岁生日时做寿等就属此种习俗。如六十岁或八十岁做寿，都在前一年或第二年举行。民间还有"男不做十，女不做九"的说法。民间讲究大寿之日，更加隆重，八十岁进入耄耋，尤其值得庆祝。

尊老敬老是中华民族的传统美德，健康长寿是人们的美好期盼。或许正是因为古人寿命没有现代人长，他们认为一个人开始享受"寿"的权利时，也意味着死亡快要来临。民间丧葬用品大都加上"寿"字，如棺材叫"寿材"、殓服叫"寿衣"、灵堂叫"寿堂"。高寿之人去世办的丧事，称之为喜丧。意思就是说，家里有人去世了，而死者是德高望重、福寿双全者，家族兴旺，年纪在八九十岁，这样的死者葬礼可谓喜丧。儿孙们就不会那么悲伤。会停灵三至五日大摆宴席，招待亲朋好友。

寿诞礼俗主要有以下几项。

1. 寿庆柬帖

是庆祝生日所应用的柬帖。当决定为某人做寿时，由其子女、亲属出面，发请帖。寿庆柬帖与其他喜庆柬帖不同，通常都是由子孙或亲友具名的，不由自己具名。

（1）子孙具名　父寿用"家严"或"家父"字样，母寿用"家慈"或"家母"字样，双寿则用"家严慈"字样并列。兄弟众多的，可由长子或兄弟中对外最有声誉的代表具名，数代同堂者也可用"率子孙鞠躬"字样，不必全体一一署名。

（2）亲友具名　为亲友具名，多半适用于在政治上或社会上较有声望的人士，下面应列亲友代表的姓名。

2. 准备寿礼

接到邀请后，被邀请者准备贺寿礼。最常见的祝寿礼物有寿糕、寿烛、寿面、寿桃、寿联、寿幛、五瑞图、"寿"字吉祥物。寿礼上用红纸剪成"寿"或"福"字粘上，寓意长寿幸福。现今用红包祝寿也比较普遍。

3. 寿堂的布置

古时候布置寿堂，一般正厅墙壁中间，男寿悬挂南极仙翁，女寿悬挂瑶池王母。也可是八仙庆寿图、三星图等象征高寿之画轴。或以金纸剪贴大"寿"字挂于礼堂正中，正中设礼桌，礼桌上陈设寿桃、寿糕、寿面、香花、水果等。地上置红色拜垫，以备后辈行礼。

4. 寿幛

寿幛是用绸布题字为祝寿之礼，也称礼幛。寿幛用字简短，有一个字的，如"寿"字；有四个字的，如"寿比南山"等。通常四字为多，大多用大幅红绸缎，剪贴金纸。有用红纸的立轴，通称"寿轴"；也有外装玻璃框的，通称"寿屏"。寿幛题词为四字的，四字当中，有一定的平仄声规律。寿幛文字有通用的，有分男女的，也有分年龄的。

如通用寿幛：人寿年丰、乃福乃寿、文韬武略、长寿百岁、心旷神怡。男寿通用寿幛：大德必寿、大椿不老、天保九如、天赐遐龄、天赐纯嘏。女寿通用寿幛：大德必寿、天姥峰高、花灿金萱、欢腾萱室、寿田宜家。

5. 祝寿楹联

祝寿楹联，简称寿联。撰拟寿联时，必须分清对象，确立主旨，选用恰当的词句，保证流畅，使人看了能了解其意义，引起共鸣。寿联多用文言文，并且多用成语、典故、专名。

6. 寿庆的过程

古时在寿诞前夕，就开始宴请至亲好友，称为"暖寿"；中午为面席，取其"长寿"口彩；晚间为大宴；次日尚有宴席以谢执事。

贺寿过程一般如下。

行礼贺寿。把寿星请到上席位，其他按辈分落座。可由晚辈宾客向寿堂行三鞠躬礼，寿星可定时出堂受贺，其余时间则由子侄辈在礼堂答礼。传统做法是同辈抱拳打躬，晚辈鞠躬，儿孙辈行跪拜礼。

献祝寿辞。祝寿辞，是在寿典上向寿星所献之辞。其内容一般是对寿者的经历、业绩、品德进行叙述和赞颂，表示良好的祝福。

开宴。宴席除有大鱼大肉、山珍海味外，必有长寿面。大家向寿星敬酒祝贺。新式寿诞常在宴会之前由寿星分切蛋糕饷客。

回礼。祝寿活动结束后，主人家要适当给客人一些回礼。

三、成年礼

（一）古代成年礼

古代中国华夏族的成年礼，男子行冠礼（一般二十岁），女子行笄礼（一般十五岁）。

冠礼从氏族社会盛行的成丁礼演变而来，一直延续至明代。"冠"相当于现在我们说的帽子。在周代，贵族的男子到了二十岁就可以举行加冠仪式。加冠的日期必须是精心挑选的良辰吉日，这预示着加冠的人会有一个良好的开端。举行冠礼的那天，所有的亲朋好友都会来观礼祝贺，见证他的成长。具体的仪式是在宗庙中将受礼者头发盘起来，戴上礼帽。由于要穿戴的服饰很多，于是分为三道重要程序，分三次将不同材料制成、代表不同含义的帽子——戴上。

冠礼如此重要，那么谁来为男子加冠呢？通常，人们要用占卜的方法选择一位德高望重的人来担任加冠的正宾，冠礼之日，正宾必须到场，否则不能成礼。人选确定后，主人要提前一天到正宾家中特别邀请。除正宾外，还要邀请一位"赞者"，即协助正宾加冠的助手。

在举行仪式之前，赞者要先为小主人梳头，之后正宾洗手，亲手扶正冠者包头发的帛，然后按照礼仪到冠者席前，端正其容貌，说一段祝福的话，大意是要求冠者抛却嬉戏懒惰之心，要立志进德修业。正式加冠的仪式一般分为三个步骤：首先正宾为冠者戴上缁布冠，赞者为冠者系好冠缨。缁布冠实际上就是一块黑布。接着，加皮弁，古代的皮弁类似于现在的瓜皮帽，是用白色的鹿皮缝制而成的，比缁布冠尊贵。最后加爵弁。爵弁也称为"雀弁"，因爵弁赤而微黑，类似燕子的颜色，故名。爵弁是在重要场合祭祀时才穿戴的。每次加冠之前，正宾都要说祝福的话，冠者都要应答。每次加冠之后，冠者都要回房换上相应的衣服，然后向来宾展示。三次加冠，将地位最卑的缁布冠放在最前，地位稍尊的皮弁在其后，爵弁放在最后，每加愈尊，是隐喻冠者的德行与日俱增。"三加"之后，还要由父亲或其他长辈、宾客在本名之外另起一个"字"，"冠而字"的男子，就具备了择偶成婚的资格。男子20岁称弱冠。冠礼仪式举行完毕后，男子就要以成年人的行为规范要求自己，努力做一个成熟有责任的人。

加冠是成人的标志，如果在重要场合不戴冠，会被认为一种不合礼的行为。《史记》中记载了这样两个故事：西汉名臣汲黯有事向皇帝报告，但当时汉武帝没有戴冠，于是不敢见他，竟然躲到帐子里去了。另外一个故事是，孔子的弟子子路在卫国担任邑宰，后遭遇卫国宫廷政变，被人砍断了冠缨，即帽子带，子路说："君子死而冠不免。"结果在结缨带时被人杀死。足见冠作为身份、地位与礼仪的一种象征，在古人心目中占有重要分量。

与男子的冠礼相对应，女子的成年礼在15岁时举行，叫笄礼，即加笄。

"笄"是古代女子的一种发饰，它的形状酷似一根细细的长钎子，一头比较锋利，另一头则有漂亮的装饰，通常用来固定发髻，女子的其他头饰如簪子、钗等都是由"笄"发展而来的。顾名思义，笄礼就是将女子的头发挽起，用笄簪上，所以笄礼又称"上头礼"。改变发式表示从此结束少女时代，可以嫁人了。在古代，无论男孩女孩，幼年时的头发都是自然披散着的，最多也只是扎成两束垂在脑后，称为"总角"，但是成年以后，头发就要精心打理了，男子加冠，女子加笄，以此表示长大成人。古代女子长到十五岁便是成年人了，在汉代，如果此时女子已许嫁，父母则要为其举行隆重的笄礼。即使未许嫁，女子在十五岁时也可行笄礼。笄礼一般由母亲来主持，通常需要提前三天将举行笄礼的消息告知各位宾客，并在宾客中选取一位德高望重的女性长辈作为正宾为女子加笄。对于正宾，除了要请人去通报消息外，还要用笺纸书写请辞，在行礼的前三日派人送去，以示尊敬。

行礼的当天，女子身穿彩衣（即童子服）接受正宾的加笄。正宾首先为女子加上发笄、罗帕（丝织的方巾）和素色的襦裙。襦是上身穿的短上衣，裙是下身束的裙子，这些衣物都没有过多的纹饰，色泽简雅素净，象征着少女的天真烂漫和自然纯真。然后依次加上发簪和曲裾（前襟）深衣。在仪式最后，加上正式的大袖长礼服，戴上玉佩、绶带等饰物，以彰显女子雍容大气、典雅端庄的气质。

行礼完毕后，正宾为笄者唱赞词，希望她以后能够孝顺父母、生活幸福。这时，笄者为了表示对正宾的感谢和尊敬，要向正宾郑重叩拜。除此之外，还要面向南面和东面各拜一拜，以答谢父母和在场的各位亲友。最后，正宾还要给笄者取"字"。取完字后，笄者的母亲用酒和帛向来宾答谢，整个笄礼就圆满地完成了。

为跨入成年的青年男女举行这一仪式，是要提示他们：从此将由家庭中毫无责任的"孺子"转变为正式跨入社会的成年人，只有承担成人的责任、履践美好的德行，才能成为各种合格的社会角色。通过这种传统的仪式，可以正视自己肩上的责任，完成角色的转变，宣告长大成人。汉族成年礼延续数千年，至满清入关后，满清统治者一纸令下，终结了绵延了几千年的成人礼，以致后来人只能在"不知不觉"中进入成年，现在正在逐渐恢复。

（二）现代成年礼

现代人无论男女，年满18岁就算成年。成年礼是为承认年轻人具有进入社会的能力和资格而举行的人生仪礼，是一种普遍存在的文化现象。其形式因民族不同而各具特点。现今不少学校以18岁高中生为对象，在学校开展"成人礼宣誓"活动，显示其社会角色和身份的改变，明确权利与义务，以增强生活的自信心和社会责任感。

四、婚姻礼俗

（一）传统婚姻礼仪——三书六礼

《礼记》对婚姻的记载是"婚礼者，礼之本也。……上以事宗庙，而下以继后世也。"这足以看出中国人对构建家庭是多么重视。根据《仪礼》要求，婚有三书六礼，三书即聘书（定亲之书）、礼书（礼物清单）、迎亲书（迎娶新娘之书），六礼则依次是"一纳采、二问名、三纳吉、四纳征、五请期、六亲迎。"

1. 纳采

纳采是古代汉族的婚姻风俗，流行于全国许多地区，是"六礼"中的第一礼。男家遣媒妁往女家提亲，送礼求婚。初议后，若女方有意，则男方派媒人正式向女家求婚，并携带一定礼物，故称纳彩。

2. 问名

问名是一种婚姻礼仪，是六礼中第二礼。即男方遣媒人到女家询问女方姓名、生辰八字。取回庚帖后，卜吉合八字。

《仪礼·士昏礼》郑玄注："问名者，将归卜其吉凶。"贾公彦疏："问名者，问女之姓氏。"

3. 纳吉

纳吉是一种婚姻礼仪，是六礼中第三礼。是男方问名、合八字后，将卜婚的吉兆通知女方，并送礼表示要订婚的礼仪。古时，纳吉要行"奠雁礼"。

郑玄注："归卜于庙，得吉兆，复使使者往告，婚姻之事于是定。"

宋代民间多以合婚的形式卜吉订婚。至明代，以媒氏通书、合婚代之。清代，纳吉一仪已融于问名和合婚的过程中。民国时期，无纳吉仪，只有简单的卜吉习仪，多将女方庚帖放置灶神前，如三日内无发生异事，则认为顺利，就拿男女庚帖去合婚。

4. 纳征

纳征是古代汉族的婚姻风俗，流行于全国许多地区，是"六礼"中的第四礼。亦称"纳成",即男家往女家送聘礼。

《礼记·昏义》孔颖达疏:"纳征者,纳聘财也。征,成也。先纳聘财而后婚成。"经此仪礼婚约完全成立。

5. 请期

请期是古婚礼六礼之一。男家行聘之后,卜得吉日,使媒人赴女家告成婚日期。形式上似由男家请示女家,故称"请期"。

《仪礼·士昏礼》:"请期,用雁。"郑玄注:"夫家必先卜之,得吉日,乃使使者往辞,即告之。"《二刻拍案惊奇》卷九:"这里金员外晓得外甥归来快了,定了成婚吉日,先到冯家下那袍段钗环请期的大礼。"

6. 亲迎

亲迎是古代汉族婚姻风俗,流行于全国许多地区,是"六礼"中的第六礼,俗称"迎亲"。是新婿亲往女家迎娶新娘的仪式。通常是男家将婚期通知女家后,到成婚日,由新郎亲自到女家迎接新娘,也有由男家派遣迎亲队伍迎娶,新郎在家等候。

唐杜佑《通典·第十八天子纳妃后》载:"夏亲迎于庭,殷于堂。周制限男女之岁定婚姻之时,亲迎于户。"

迎娶之日,男家发轿之后,傧相就要在男家堂屋布置好拜堂的场所。当花轿停在堂屋门前,男方请的伴娘站到花轿前时,仪式即已开始。香案上,香烟缭绕,红烛高烧,亲朋好友、职司人员各就各位。

傧相二人分别以"引赞"和"通赞"的身份出现,开始赞礼。新郎新娘按引赞和通赞的赞礼开始拜堂。

拜堂仪式程序如下。

引赞:新郎莅位(伫立于轿前)。

通赞:启轿,新人起。

引赞:新郎搭躬(拱手延请新娘)。

引赞:新郎新娘就位(至香案前)。

奏乐鸣炮。

通赞:新郎新娘(向神位和祖宗牌位)进香烛。

引赞:跪,献香烛。明烛,燃香,上香,俯伏,兴,平身复位。

通赞:跪,叩首,再叩首,三叩首,兴。

然后,是传统的"三拜"——"一拜天地,二拜高堂,夫妻对拜",最后才

"引入洞房"。拜堂仪式到此结束。

（二）现代婚姻礼仪

现代婚礼注重象征性与纪念意义。拍结婚照、摄像并制成精美的相册和音像光盘，具有珍藏价值。

新娘新郎的结婚礼服比较讲究：要根据时令、地点以及当地的习俗挑选具有民族特色的礼服。现今较多采用西式婚礼，新娘一般穿礼服裙装或白色婚纱，新郎穿深色西装。新娘新郎都戴上饰有新娘新郎字样的胸花。

（三）中西婚礼的核心内涵

中国传统婚礼："一拜天地，二拜高堂，夫妻对拜"的仪式意为"感谢天地自然、感恩孝敬父母、夫妻平等互敬"。

西式婚礼："你愿意娶某某小姐为妻，不论疾病还是健康、贫穷或者富有，都与她厮守一生，永志不渝吗？""我愿意！""你愿意嫁给某某先生为妻，不论疾病还是健康、贫穷或者富有，都与他厮守一生，永志不渝吗？""我愿意！"重在夫妻双方的庄严承诺。

五、丧葬礼俗

丧葬礼俗，古称"凶礼"，是人生礼仪中的最后一件大事。中国人非常看重葬礼，传统葬礼十分繁琐复杂且有一些迷信成分。今天的丧葬礼仪已比过去简化，但丧礼仍然是很庄严的大事。下面介绍现代丧葬礼仪。

（一）发布讣告

讣告是用于向亲友或有关单位报丧时使用的通知文书，一般由死者所属单位组织的治丧委员会或者家属发布。讣告通常包括死者姓名、生前职衔、死亡时间、地点、原因，吊唁、追悼会、送葬的时间和地点等。

（二）吊唁

丧事吊唁仪式大多在殡仪馆或灵堂举行。死者家属也在殡仪馆接见前往吊唁的亲友。吊唁的礼仪主要有以下几项。

祭奠：主要是在死者灵前或遗像前行鞠躬礼以示悼念。

送奠仪：如花圈、布帛、礼金等，注意丧事的礼金金额必须单数，切忌双数（喜事忌单数，丧葬忌偶数）。

慰问：除向死者亲属表示沉痛心情外，还要劝慰死者亲属节哀止悲，同时还应向死者亲属提供力所能及的帮助。

（三）告别仪式

名人去世，大多要召开追悼会，而普通百姓去世也多举行遗体告别仪式。二者仪式大体相同。其仪程如下。

鸣炮、奏哀乐；

向××同志遗像（遗体）致敬，默哀三分钟；

献花圈或宣读献花圈单位或个人；

致悼词；

家属代表讲话；

向××同志遗体告别。

在吊唁和参加追悼会时，来宾应着素色服装，参加者应怀着沉痛的心情，带着严肃的表情参加追悼会，认真履行追悼会的每一项仪式。参加追悼会时，应将手机铃声关闭。

实训演练

1. 讨论：中国传统人生礼俗的种类以及意义。
2. 请回答中国传统文化对不同年龄的叫法。一般人到了多大年纪时才能祝寿？
3. 情景模拟：为父亲60大寿祝寿。

任务二　节日礼俗

国学小资料

1. 正月一日，是三元之日也，鸡鸣而起，先于庭前爆竹，以辟山魈恶鬼。

——南朝梁宗懔《荆楚岁时记》

2. 士庶家不论贫富，俱洒扫门闾，去尘秽、净庭户……以祈新岁之安。

——宋代吴自牧《梦粱录》

3. 于长安归还扬州九月九日行薇山亭赋韵

江　总

心逐南云逝，形随北雁来。

故乡篱下菊，今日几花开？

年兽的故事

年兽又称年，是古代汉族神话传说中的恶兽。相传古时候每到年末的午夜，年兽就会进攻村子，凡被年兽占领的村子都会遭受残酷的大屠杀，头上的独角就是它的屠杀武器。据说年兽头大身小，身长十数尺，眼若铜铃，来去如风，嚎叫时发出"年"的声音，故名年兽。时日一久，人们渐渐发现年兽害怕三样东西，即红色、火光和巨大的响声；于是后来的人们在除夕年兽将要到来的时候就会聚到一起，贴红纸（后来逐渐改为贴桃符或贴红对联）、挂红灯笼、放鞭炮等，目的就是为了赶走年兽。当年兽被赶走以后，人们总是会高兴地互道："又熬过一个年了。"慢慢地就有了过年的说法，也由此出现过年的习俗了。

知识探究

中华民族是一个热爱生活，富有充沛情感且极具创造力的民族，在几千年来的生产生活实践之中，我国古代劳动人民依据自己的文化习惯和生产方式（汉民族主要是农业生产）逐渐形成了一系列传统习俗。由于华夏先民主要生活的区域为中原地带，生产方式则以农作物为主，因此华夏民族的节日普遍和节气相关联。中国传统节日有除夕、春节、元宵节、清明节、端午节、七夕节、中秋节等。在这些流传至今的节日风俗里，还可以清晰地看到古代人民社会生活的精彩画面。

一、春节

春节，正月初一，又叫阴历年，俗称"过年"。起源于殷商时期年头岁尾的祭神祭祖活动。春节和年的概念，最初的含意来自农业，古时人们把谷的生长周期称为"年"。《说文·禾部》:"年,谷熟也。"而"年"字最早的写法是一个人背负成熟的禾的形象,表示庄稼成熟,即"年成"。唐宋八大家之一的王安石曾经就春节写过一首气氛轻松活泼欢快的《元日》,诗中写道:"爆竹声中一岁除,春风送暖入屠苏。千门万户曈曈日,总把新桃换旧符。"那么,具体而言,春节的礼俗有哪些呢?

1. 祭灶

祭灶是一项在汉族民间影响很大、流传极广的传统习俗。

旧时,差不多家家灶间都设有"灶王爷"神位。人们称这尊神为"司命菩萨"或"灶君司命"。

2. 扫尘

扫尘又称除尘、除残、掸尘、打埃尘等,是中国民间春节传统习俗之一。

起源于古代汉族人民驱除病疫的一种宗教仪式。这种仪式后来演变成了年底的大扫除,寄托了汉族劳动人民一种辟邪除灾、迎祥纳福的美好愿望。汉族民谚说:"腊月二十四,掸尘扫房子。"北方叫扫房,南方叫掸尘。

3. 春联

也叫门对、春贴、对联、对子、桃符等。讲求以工整、对偶、简洁、精巧的文字描绘时代背景,抒发美好愿望,是中国特有的文学形式。

4. 贴门神

为了祈求一家的福寿康宁,一些地方的人们还保留着贴门神的习惯。据说,大门上贴上两位门神,一切妖魔鬼怪都会望而生畏。

5. 挂贴年画

年画,也和春联一样,起源于"门神",是中国的一种古老的民间艺术,它寄托着人们对未来的希望与祝福。中国年画有三大流派:苏州桃花坞、天津杨柳青和山东潍坊。

6. 贴窗花和倒贴"福"字

在民间人们喜欢在窗户上贴上各种剪纸。"福"字指福气、福运,倒贴"福"字,表示"福运已到"。

7. 放爆竹

中国民间有"开门爆竹"一说。即在新的一年到来之际,家家户户开门的第一件事就是燃放爆竹,以爆竹声除旧迎新。放爆竹可以创造出喜庆热闹的气氛,是节日的一种娱乐活动，可以给人们带来欢愉和吉利。

8. 年夜饭

年夜饭又称团圆饭，是农历除夕（每年最后一天）的最后一餐。

9. 拜年

拜年主要有拜家里长辈、走亲访友、礼节性的拜访、串门式的拜访等。

拜年的方式多种多样。由于登门拜年费时费力，后来一些上层人物和士大夫便使用名帖相互投贺，发展为后来的贺年片。

（1）正确的拜年手势

传统的拜年手势自古男女有别。标准的男子作揖姿势是右手成拳，左手将右手包住。因为右手是攻击手，要包住以示善意。如图8-1（1）所示。

女子则相反，右手在上。但女子不抱拳，只压手。这和中国自古"男左女右"的传统一脉相承。如果手势做错了，意思就有很大的差别。如图8-1（2）所示。

（1）男子拜年手势　　　（2）女子拜年手势

图8-1　拜年手势

（2）选择好拜年的时间

若过早登门拜年，往往让主人措手不及；有人喜欢选择晚上拜年，一坐好几小时，难免影响主人休息。拜年时，做客逗留时间一般以半小时至40分钟为宜，这样，既不失礼貌，又不影响主人接待其他客人。

（3）选择合适的拜年礼品

送礼物要得体。礼物既不宜太昂贵豪华，又应能"拿得出手"。送礼物要因人而异，如拄拐托桃的寿星、招财进宝的求财灯、赤色中国结、烟酒等。

10. 压岁钱

春节拜年时，长辈要将事先准备好的压岁钱分给晚辈，据说压岁钱可以压住邪祟，晚辈得到压岁钱就可以平平安安度过一岁。

二、元宵节

正月是农历元月，正月十五日是一年中第一个月圆之夜。古人称夜为"宵"，所以称正月十五为元宵节。元宵节又称为上元节、灯节。元宵燃灯的风俗起自汉朝，唐宋更加兴盛。清代赏灯活动虽然只有三天，但是赏灯活动规模很大，盛况空前，除燃灯之外，还放烟花助兴。

1. 吃元宵、汤圆

元宵节北方吃元宵，南方吃汤圆，常以白糖、玫瑰、芝麻、豆沙、黄桂、核桃仁、果仁、枣泥等为馅，用糯米粉做成圆形，可荤可素，风味各异。可汤煮、油炸、蒸食，有团圆美满之意。

由于元宵和汤圆都是用糯米粉做皮，并且常采用芝麻、白糖等做馅料，因此容易让人混淆，但它们在制作工艺上还是有很大区别。

（1）北方"滚"元宵

元宵在制作上要比汤圆繁琐得多：首先需将和好、凝固的馅切成小块，过一遍水后，再扔进盛满糯米面的笸箩内滚，然后再过水，继续放回笸箩内滚，反复几次，直到馅料沾满糯米面滚成圆球方才大功告成。

由于制作工艺不同，元宵比汤圆的口感要粗一些。元宵煮后，汤会比较浓，跟糯米面粥似的，表皮松软，馅料硬实有"咬劲"，果香和米香浓郁。

（2）南方"包"汤圆

汤圆的做法有点儿像包饺子：先把糯米粉加水和成团（跟做饺子时和面一样），用手揪一小团湿面，挤压成圆片形状。挑一团馅放在糯米片上，再用双手边转边收口做成汤圆。

2. 走百病

"走百病"，又称"烤百病""散百病"，参与者多为妇女，他们结伴而行或走墙边，或过桥、走郊外，目的是驱病除灾。

3. 观灯

元宵赏灯始于东汉提倡佛教的汉明帝时期（公元58—75年）。

4. "猜灯谜"

灯谜又称文虎，猜灯谜，亦称打虎、打灯谜、弹壁灯、商灯、射、解、拆等，但人们都习惯用"灯谜"一称。灯谜是中国汉族劳动人民智慧的结晶，是汉族传统文化的一门综合性艺术。灯谜是写在彩灯上面的谜语，春秋战国时期，出现了"隐语"或"廋辞"。秦汉时则成为一种书面创作。三国时代，猜谜盛行。在宋代出现了灯谜。人们将谜条系于五彩花灯上，供人猜射。明清时代，猜灯谜在汉族民间十分流行。

三、清明节

中国传统的清明节大约始于周代，已有两千五百多年的历史，后来，由于清明与寒食的日子接近，而寒食是民间禁火扫墓的日子，渐渐的，寒食与清明就合二为一了，而寒食既成为清明的别称，也变成清明时节的一个习俗。

1. 踏青

踏青又叫春游，古时叫探春、寻春等。三月清明，春回大地，自然界到处呈现一派生机勃勃的景象，正是郊游的大好时光。

2. 荡秋千

古时的秋千多用树枝为架，再栓上彩带做成。后来逐步发展为用两根绳索加上踏板的秋千。

3. 蹴鞠

这是古代清明节时人们喜爱的一种游戏。蹴鞠，又名"踢鞠""蹴球""筑球"等，"蹴"有用脚蹴、踢、踢的含义，"鞠"最早系外包皮革、内实米糠的球。因而"蹴鞠"就是指古人以脚蹴、踢、踢皮球的活动，类似今日的足球。蹴鞠是一项在中国流传了两千多年的传统体育运动项目，是一项对世界足球有着深远影响的竞技项目。2004年7月15日，山东淄博临淄被确认为世界足球起源地。

蹴鞠图

4. 植树

自古以来，中国就有清明植树的习惯。有人还把清明节叫作"植树节"。植树风俗一直流传至今。1979年，全国人大常委会规定，每年三月十二日为我国植树节。

5. 插柳

插柳是一种风俗，也是为了纪念"教民稼穑"的农事祖师神农氏的。有的地方，人们把柳枝插在屋檐下，以预报天气，古谚有"柳条青，雨蒙蒙；柳条干，晴了天"的说法。

清明插柳戴柳还有一种说法：原来中国人以清明、七月半和十月朔为三大鬼节，是百鬼出没讨索之时。人们为防止鬼的侵扰迫害而插柳戴柳。柳在人们的心目中有辟邪的功用。受佛教的影响，人们认为柳可以却鬼，而称之为"鬼怖木"，观世音以柳枝沾水济度众生。北魏贾思勰《齐民要术》里说："取柳枝著户上，百鬼不入家。"清明既是鬼节，值此柳条发芽时节，人们自然纷纷插柳戴柳以辟邪了。

6. 放风筝

风筝不仅白天放，夜间也放。夜里在风筝拉线上挂上一串串彩色的小灯笼，像闪烁的星星，被称为"神灯"。过去，有人把风筝放上蓝天后便剪断牵线，据说这样能除病消灾，给自己带来好运。

四、端午节

阴历五月初五日为"端午节"，是我国的一个古老节日。"端午"本名"端五"，端是初的意思，"五"与"午"互为谐音而通用。

端午的风俗活动主要有赛龙舟、佩香囊、吃粽子、悬艾、喝雄黄酒等。

1. 赛龙舟

赛龙舟是端午节的主要习俗。相传起源于古时，楚国人因舍不得贤臣屈原投江死去，许多人划船追赶拯救。他们争先恐后，追至洞庭湖时不见踪迹。之后每年五月五日划龙舟以纪念之。借划龙舟驱散江中之鱼，以免鱼吃掉屈原的身体。竞渡之习，盛行于吴、越、楚。

2. 佩香囊

端午节小孩佩香囊，传说有避邪驱瘟之意（古时人们以为妖魔鬼怪上身是因为自己发病），实际是用于襟头点缀装饰。香囊内有朱砂、雄黄、香药，外包以丝布，清香四溢，再以五色丝线弦扣成索，作各种不同形状，结成一串，形形色色，小巧可爱。在中国某些南方城市，青年男女还用香囊来表达浓浓爱意。

3. 吃粽子

爱国诗人屈原遭谗言被放逐后，目睹楚国政治日益腐败，又不得实现自己的政治理想，无力拯救危亡的祖国，于是自投汨罗江以殉国。人们为了不使鱼虾吃掉其尸体，纷纷用糯米和面粉捏成各种形状的饼子投入江心喂食鱼虾，这便成为后来端午节吃粽子、炸糕的来源。文秀《端午》诗："节分端午自谁言？万古传闻为屈原。堪笑楚江空渺渺，不能洗得直臣冤。"

4. 悬艾

就是挂艾草。民谚说："清明插柳，端午插艾。"在端午节，人们把插艾和菖蒲作为重要内容之一。家家户户都要洒扫庭院，以菖蒲、艾条插于门楣，悬于堂中。并用菖蒲、艾叶、榴花、蒜头、龙船花，制成人形或虎形，称为艾人、艾虎；制成花环、佩饰，美丽芬芳，妇人争相佩戴，用以驱瘴。端午节也是自古相传的"卫生节"，人们在这一天洒扫庭院，挂艾枝，悬菖蒲，洒雄黄水，饮雄黄酒，激浊除腐，杀菌防病。这些活动也反映了中华民族的优良传统。端午节上山采药，则是我国各民族共同的习俗。

5. 喝雄黄酒

雄黄是一种药材，据说能杀百毒。雄黄酒是用研磨成粉末的雄黄泡制的白酒或黄酒。

传说屈原投江之后，屈原家乡的人们为了不让蛟龙吃掉屈原的遗体，纷纷把粽子、咸蛋抛入江中。一位老医生拿来一坛雄黄酒倒入江中，说是可以药晕蛟龙，保护屈原。一会儿，水面果真浮起一条蛟龙。于是，人们把这条蛟龙扯上岸，抽其筋，剥其皮，之后又把龙筋缠在孩子们的手腕和脖子上，再用雄黄酒抹七窍，以为这样便可以使孩子们免受虫蛇伤害。据说这就是端午节饮雄黄酒的来历。至今我国不少地方都有喝雄黄酒的习惯。在端午节时，有的地方人们还会将雄黄泡在酒中，在小孩的耳朵、鼻子、脑门、手腕、脚腕等处抹上雄黄酒，据说，这种做法可以使蚊虫、蛇、蝎、蜈蚣、壁虎、蜘蛛等不上身。

作为一种中药药材，雄黄可以用做解毒剂、杀虫药。于是古代人就认为雄黄可以克制蛇、蝎等百虫，"善能杀百毒、辟百邪、制蛊毒，人佩之，入山林而虎狼伏，入川水而百毒避"。雄黄酒里含砷化合物，砷元素是砒霜的主要成分，实际上，自制雄黄酒饮用是有可能中毒的，含有雄黄的药品，也应当在医生指导下使用。

五、中秋节

阴历八月十五日,这一天正当秋季的正中,故称"中秋"。人们把它看作大团圆的象征。白居易《八月十五日夜湓亭望月》写道:"昔年八月十五夜,曲江池畔杏园边。今年八月十五夜,湓浦沙头水馆前。西北望乡何处是,东南见月几回圆。昨风一吹无人会,今夜清光似往年。"

中秋节,是中国传统节日之一,为每年的农历八月十五。这时是一年秋季的中期,所以被称为中秋。在中国的农历里,一年分为四季,每季又分为孟、仲、季三个部分,因而中秋也称仲秋。八月十五的月亮比其他几个月的满月更圆,更明亮,所以又叫做"月夕""八月节"。此夜,人们仰望天空如玉如盘的朗朗明月,自然会期盼家人团聚。远在他乡的游子,也借此寄托自己对故乡和亲人的思念之情。所以,中秋又称"团圆节"。

根据史籍的记载,"中秋"一词最早出现在《周礼》一书中。到魏晋时,有"谕尚书镇牛淆,中秋夕与左右微服泛江"的记载。直到唐朝初年,中秋节才成为固定的节日。《唐书·太宗记》记载有"八月十五中秋节"。中秋节的盛行始于宋朝,至明清时,已与元旦齐名,成为我国的主要节日之一。这也是我国仅次于春节的第二大传统节日。

我国人民在古代就有"秋暮夕月"的习俗。夕月,即祭拜月神。到了周代,每逢中秋夜都要举行迎寒和祭月。设大香案,摆上月饼、西瓜、苹果、红枣、李子、葡萄等祭品拜祭月亮,然后由当家主妇切开团圆月饼。

在唐代,中秋赏月、玩月颇为盛行。在北宋京师,八月十五夜,满城人家,不论贫富老小,都要穿上成人的衣服,焚香拜月说出心愿,祈求月亮神的保佑。南宋,民间以月饼相赠,取团圆之义。有些地方还有舞草龙、砌宝塔等活动。

明清以来,中秋节的风俗更加盛行;许多地方形成了烧斗香、树中秋、点塔灯、放天灯、走月亮、舞火龙等特殊风俗。

今天,月下游玩的习俗已远没有旧时盛行。但设宴赏月仍很盛行,人们备上各种瓜果和熟食,赏月,吃月饼。把酒问月,"举杯邀明月"庆贺美好的生活,或祝远方的亲人健康快乐,和家人"千里共婵娟"。

中秋节美食首推月饼,其起源说法多种。其中一说是元代末年,江苏泰州的反元起义领袖朱元璋的谋士刘伯温利用中秋民众互赠圆饼之际,号召大家在八月十五日起义,在饼中夹带"八月十五夜杀鞑子"的字条,大家见了饼中字条,一传十,十传百,如约于这天夜里一起手刃无恶不作的"鞑子"(元兵),终于在这一天爆发了全国规模的农民大起义,推翻了腐朽透顶的元朝统治。此后,中秋吃月饼的风俗就更加广泛地流传开来。过后家家吃饼庆祝起义胜利,并正式称中秋节的圆饼为月饼。在后来很长历史时期,许多月饼上还贴有一方小纸片。

六、重阳节

农历九月九日,为传统的重阳节。因为古老的《易经》中把"六"定为阴数,把"九"定为阳数,九月九日,日月并阳,两九相重,故而叫重阳,也叫重九,古人认为是个值得庆贺的吉利日子,并且从很早就开始过此节日。庆祝重阳节的活动多彩浪漫,包括出游赏景、登高远眺、观赏菊花、插茱萸、吃重阳糕、饮菊花酒等活动。九九重阳,因为与"久久"同音,九在数字中又是最大数,有长久长寿的含意,况且秋季也是一年收获的黄金季节,重阳佳节,寓意深远,人们对此节历来有着特殊的感情,唐诗宋词中有不少贺重阳、咏菊花的诗词佳作。

1. 登高

在古代，民间在重阳有登高的风俗，故重阳节又叫"登高节"。相传此风俗始于东汉。唐代文人所写的登高诗很多，大多是写重阳节的习俗；杜甫的七律《登高》，就是写重阳登高的名篇。登高所到之处，没有统一的规定，一般是登高山、登高塔。还有吃"重阳糕"的习俗。

2. 吃重阳糕

与登高相联系的有吃重阳糕的风俗。高和糕谐音，作为节日食品，最早是庆祝秋粮丰收、喜尝新粮的用意，之后民间才有了登高吃糕，取步步登高的吉祥之意。在北方，吃重阳糕之风尤盛。

据史料记载，重阳糕又称花糕、菊糕、五色糕，制无定法，较为随意。九月九日天明时，以片糕搭儿女头额，口中念念有词，祝愿子女百事俱高，乃古人九月作糕的本意。讲究的重阳糕要作成九层，像座宝塔，上面还作成两只小羊，以符合重阳（羊）之义。有的还在重阳糕上插一小红纸旗，并点蜡烛灯。这大概是用"点灯""吃糕"代替"登高"的意思，用小红纸旗代替茱萸。当今的重阳糕，仍无固定品种，各地在重阳节吃的松软糕类都称之为重阳糕。

3. 赏菊并饮菊花酒

重阳节正是一年的金秋时节，菊花盛开。重阳日，历来就有赏菊花的风俗，所以古来又称菊花节。从三国魏晋以来，重阳聚会饮酒、赏菊赋诗已成时尚。北宋京师开封，重阳赏菊之风盛行，当时的菊花就有很多品种，千姿百态。民间还把农历九月称为"菊月"，在菊花傲霜怒放的重阳节里，观赏菊花成了节日的一项重要内容。清代以后，赏菊之习尤为昌盛，且不限于九月九日，但仍然是重阳节前后最为繁盛。

我国酿制菊花酒，早在汉魏时期就已盛行。《西京杂记》载称"菊花舒时，并采茎叶，杂黍为酿之，至来年九月九日始熟，就饮焉，故谓之菊花酒。"据东晋葛洪的《西京杂记》记载，汉高祖时，宫中"九月九日佩茱萸，食蓬饵，饮菊花酒。云令人长寿"。据南朝梁关均撰《续齐谐记》记载，"九月九日……，饮菊酒，祸可消"。这是旧俗重九为重阳节，需饮菊花酒的开始。

晋朝大诗人陶渊明以隐居出名，以诗出名，以酒出名，也以爱菊出名，后人效之。旧时文人士大夫，还将赏菊与宴饮结合，以求和陶渊明更接近。

4. 插茱萸和簪菊花

重阳节插茱萸的风俗，在唐代就已经很普遍。古人认为在重阳节这一天插茱萸可以避难消灾；或佩带于臂，或作香袋把茱萸放在里面佩带，还有插在头上的。大多是妇女、儿童佩带，有些地方男子也佩带。重阳节佩茱萸，在晋代葛洪《西经杂记》中就有记载。除了佩戴茱萸，人们也有头戴菊花的。唐代就已经如此，历代盛行。清代，北京重阳节的习俗是把菊花枝叶贴在门窗上，"解除凶秽，以招吉祥"。这是头上簪菊的变俗。

5. 放风筝

风筝又名"纸鹞"或"纸鸢"。自古相传，重阳时有放风筝的习俗。据史料中记载与古诗的描述，北方人放风筝多集中在清明时节，而南方人则多集中在农历九月初九重阳之时。如广东福建等地一直保留着重阳时登高放风筝的民俗活动。为何南北方差异如此之大？为什么南方人多在重阳时放风筝？这是因为放风筝对气候风力的要求，本身就带着强烈的节令性。由于北方在清明节前三个月内，风向最稳，一旦清明过后，季候风袭来，黄沙漫漫，因此人们以清明为分界线，习惯在那时放风筝，久而久之就成了一种习俗。与之相反，农历九月，南方季风渐强，时节秋高气爽，正是放风筝的好时节，南方人就养成重阳节时放风筝的习惯。据《漳州府志》记载："九月登高，童子作纸鸢放于野，方言谓之'放公叉'。"《厦门志》中也有记载"重阳，登高放风筝"一说。广东《鹤山县志》载："于秋初放纸鹞，是日（九月九日）以火断其线，任其随风而去，谓之'流鹞'，以除疾病云。"

现今的重阳节，充实了新的内容，在1989年，我国把每年的九月九日定为老人节，成为尊老、敬老、爱老、助老的老年人的节日。2012年12月28日，法律明确每年农历九月初九为老年节。全国各机关、团体、街道，往往都在此时组织从工作岗位上退下来的老人们秋游赏景，或临水玩乐，或登山健体，让身心都沐浴在大自然的怀抱里；不少家庭的晚辈也会搀扶着年老的长辈到郊外活动或为老人准备一些可口的饮食。

中华民族的节日礼俗是先祖为了适应生活和生产的各种需要而创造出来的。传统节日寄托着美好的希望和祝福，是祖祖辈辈留下来的珍贵的文化遗产，是中华民族文化的载体。每一个节日都是我们民族的盛典，都有其深刻的文化内涵，体现了人们的某种精神需求，承载着我们民族最为自豪的情感价值。

实训演练

1. 民族传统节日对于传承文化的意义是什么？
2. 你如何看待现实生活中人们对待中国传统节日和外来节日的冷热状态？
3. 模拟春节给长辈、平辈拜年。
4. 重阳节到了，你打算如何向父母表达你的感恩和孝敬之心？

参考文献

[1] 金正昆. 社交礼仪. 北京：中国人民大学出版社，2011.

[2] 彭林. 中国古代礼仪文明. 北京：中华书局，2013.

[3] 林友华. 社交礼仪. 北京：高等教育出版社，2014.